Alain Finkielkraut

Verlust der Menschlichkeit

Versuch über das 20. Jahrhundert

Aus dem Französischen
von Susanne Schaper

Klett-Cotta

Klett-Cotta
Die Originalausgabe erschien unter dem Titel
»L'Humanité perdue«
im Verlag Éditions du Seuil, Paris
© 1996 Éditions du Seuil
Für die deutsche Ausgabe
© J. G. Cotta'sche Buchhandlung Nachfolger GmbH
gegr. 1659, Stuttgart 1999
Fotomechanische Wiedergabe
nur mit Genehmigung des Verlags
Printed in Germany
Schutzumschlag: Dietrich Ebert, Reutlingen
Gesetzt aus der Adobe Garamond
von Steffen Hahn GmbH, Kornwestheim
Auf holz- und säurefreiem Werkdruckpapier gedruckt und
gebunden von Clausen & Bosse, Leck
Zweite Auflage, 1999

Die Deutsche Bibliothek – CIP-Einheitsaufnahme

Finkielkraut, Alain:
Verlust der Menschlichkeit: Versuch über das
20. Jahrhundert/Alain Finkielkraut. Aus dem Franz.
von Susanne Schaper. – 2. Aufl. – Stuttgart:
Klett-Cotta, 1999
Einheitssacht.: L'humanité perdue <dt.>
ISBN 3-608-91903-1

Inhalt

Der Letzte der Gerechten 7

ERSTES KAPITEL
Wer ist mein Mitmensch? 13

ZWEITES KAPITEL
Die Vorzüge des Gattungsnamens 43

DRITTES KAPITEL
Der Triumph des Willens 71

VIERTES KAPITEL
Die Ironie der Geschichte 101

FÜNFTES KAPITEL
Die humanitäre Wiedergutmachung 129

SECHSTES KAPITEL
Von Engeln und Menschen 151

Epilog 175

Der Letzte der Gerechten

Damit er am Kommando 98 von Auschwitz, dem sogenannten Chemiekommando, das aus Spezialisten bestand, teilnehmen konnte, mußte der Chemiker Primo Levi vor dem promovierten Ingenieur Pannwitz eine Prüfung ablegen.

»Pannwitz ist hochgewachsen, mager und blond; er hat Augen, Haare und Nase, wie alle Deutschen sie haben müssen, und er thront fürchterlich hinter einem wuchtigen Schreibtisch. Ich, Häftling 174517, stehe in seinem Arbeitszimmer, klar, sauber und ordentlich, und mir ist, als müßte ich überall, wo ich hinkomme, Schmutzflecken hinterlassen.

Wie er mit Schreiben fertig ist, hebt er die Augen und sieht mich an.

Von Stund an habe ich oft und unter verschiedenen Aspekten an diesen Doktor Pannwitz denken müssen. Ich habe mich gefragt, was wohl im Innern dieses Menschen vorgegangen sein mag und womit er neben der Polymerisation und dem germanischen Bewußtsein seine Zeit ausfüllte; seit ich wieder ein freier Mensch bin, wünsche ich mir besonders, ihm noch einmal zu begegnen, nicht aus Rachsucht, sondern aus Neugierde auf die menschliche Seele.

Denn zwischen Menschen hat es einen solchen Blick nie gegeben. Könnte ich mir aber bis ins letzte die Eigenart jenes Blickes erklären, der wie durch die Glaswand eines Aquariums zwischen zwei Lebewesen getauscht wurde, die verschiedene Elemente bewohnen, so hätte ich damit auch das Wesen des großen Wahnsinns im Dritten Reich erklärt.

Was wir alle über die Deutschen dachten und sagten, war in dem Augenblick unvermittelt zu spüren. Der jene blauen Augen und gepflegten Hände beherrschende Verstand sprach: ›Dieses Dingsda vor mir gehört einer Spezies an, die auszurotten selbstverständlich zweckmäßig ist. In diesem besonderen Fall gilt es festzustellen, ob nicht ein verwertbarer Faktor in ihm vorhanden ist.‹«[1]

Der Gefangene, der vor dem Schreibtisch von Doktor Pannwitz verharrte, ist in dessen Augen kein verschreckter und elender Mensch. Er ist auch kein gefährlicher, minderwertiger und verachtenswerter Mensch. Es handelt sich hier weder um einen Menschen, der gebessert, noch um einen, der weggeschlossen, noch um einen, der gefoltert, noch um einen, der bestraft werden muß. Das hier ist noch nicht einmal ein Mensch, der umgebracht werden muß, sondern einfach ein Nichtmensch.

Die Zeiten sind vorbei, in denen ein von allen Sünden Israels niedergedrückter Wucherer ausrufen konnte: »Hat nicht ein Jud Augen? Hat nicht ein Jud Hände, Organe, Leib und Glieder, Sinne, Neigungen, Leidenschaften?

Genährt mit derselben Nahrung, verwundet mit denselben Waffen, anfällig für dieselben Krankheiten, geheilt mit denselben Mitteln, gewärmt und gekühlt von demselben Winter und Sommer, wie ein Christ wird? – Wenn ihr uns stecht, müssen wir nicht bluten? Wenn ihr uns kitzelt,

---

[1] Primo Levi, *Ist das ein Mensch?*, München 1994, S. 127 f.

müssen wir nicht lachen? Wenn ihr uns vergiftet, müssen wir nicht sterben?«[2]

Im Blick von Doktor Pannwitz erkennt Primo Levi die endgültige Auslöschung der Schicksalsgemeinschaft und der Solidarität der Gattung, die großherzige Menschen wohl oder übel noch an den unwürdigen Shylock banden. Derjenige, der jetzt »Häftling 174 517« heißt, kann durchaus schluchzen, bluten, lächeln, leiden, seine Chemieprüfung bestehen oder auch nicht. Doch eine unsichtbare Mauer, so dicht wie die Glasscheibe eines Aquariums, trennt ihn auf immer und ewig von der Menschheit. Ausschluß, Verleumdung, Verspottung, Peinigung und Massaker seit Jahrtausenden, doch diese absolute Unmöglichkeit, *überhaupt noch etwas anzurufen*, und dieses Absinken des Wortschwalls, der Bittschriften, der von allen Shylocks der Welt vorgetragenen Klagen in die Welt der Stille: All das macht den Wahnsinn des Dritten Reiches aus.

Ein potenzierter Wahnsinn, der um so wahnsinniger macht, weil er in keiner Weise das Andere der Vernunft darstellt. Pannwitz hat nicht den Kontakt mit der Realität verloren. Ihm ist der Boden unter den Füßen nicht entglitten. Sein einwandfrei arbeitendes Gehirn wird in einem Wesen, das die indogermanische Wissenschaft ihm als schädlich präsentiert, noch immer das kompetente, ausgebildete und leistungsfähige Wesen aufspüren können. Doch weit davon entfernt, Nummer 174 517 die Tore der Ähnlichkeit zu öffnen, verschlimmert diese Eignungsprüfung noch seine Verdinglichung. Zu seiner Eigenschaft als Abfall kommt nur vorübergehend die als Material und womöglich verwertbares

---

[2] William Shakespeare, *Der Kaufmann von Venedig*, Köln 1979/80, S. 52.

Mittel hinzu. Bevor auf seine Eliminierung hingearbeitet wird, geht es darum, ihn dem Arbeitsprozeß einzuverleiben. Rentabel machen, dann liquidieren: dieselbe industrielle Behandlung wird in beiden Fällen angewendet. Die Produktivität des Gefangenen steht mithin nicht im Widerspruch zu seiner Schädlichkeit. Er würde jedoch keinesfalls seine Fachkenntnis nutzen können, um sich etwa in die menschliche Gattung zu reintegrieren oder gar um seine Haut zu retten. Die Intelligenz des ihm gegenüberstehenden Menschen ist letztlich eine simple, eine furchtbare Hinrichtungsinstanz. Gleichgültig gegenüber dem Warum, methodisch, ausschließlich verfahrensorientiert, erledigt sie mit derselben Zweckmäßigkeit alle Antworten auf Fragen, die mit »wie« anfangen: Wie kann man ihn nutzen? Wie kann man ihn töten? Wie kann man ihn gebrauchen? Wie kann man sich seiner entledigen? Gegen die totale Funktionalität *bietet sogar das Argument vom Nutzen keinerlei Ausweg mehr.*

Insgesamt hat die instrumentelle Vernunft in der Seele von Dr. Pannwitz die Forderungen des Gespürs für Moral und die Gewißheit des Gemeinsinns besiegt. Und eben dieser Sieg macht seinen Wahnsinn aus.

Als Häftling in einem forstwirtschaftlichen Kommando für jüdische Kriegsgefangene in Deutschland war Emmanuel Lévinas durch die Uniform gegen den Ausbruch der nazistischen Gewalt geschützt. Für seine Existenzbedingungen und die Primo Levis in Auschwitz gab es keinen einzigen gemeinsamen Maßstab. Aber auch er hat die Erfahrung des Aquariums gemacht. »Die anderen, sogenannten freien Männer, die uns begegneten und die uns Arbeit oder Befehle gaben oder zuweilen sogar zulächelten – und auch die Kinder und Frauen, die vorbeiliefen und manchmal ihren Blick auf uns richteten –, entkleideten uns unserer Menschlichkeit [...]. Ein jämmerliches inneres Murmeln – Kraft und Elend der Verfolgten – erinnerte uns an unser vernunftbegabtes Wesen. Wir befanden uns aber nicht mehr auf dieser Welt.«[3]

Dann tauchte eines Tages ein herrenloser Hund im Stammlager auf. Die Gefangenen, die von Amerika und den Amerikanern träumten, nannten den Hund Bobby, und Bobby nahm die Gewohnheit an, sie mit einem fröhlichen Gebell sowohl beim Morgenappell als auch bei der Rückkehr von der Arbeit zu begrüßen. »Für ihn – das war unbestreitbar – waren wir Menschen.« Aber dieser zerbrechliche Trost konnte nicht andauern: Nach einigen Wochen jagten die Wachen das lästige Tier fort, und der »letzte Kantianer Nazi-Deutschlands« nahm sein Herumstreunen wieder auf.

Die Vorstellung einer vom *animal rationale* vergessenen Menschlichkeit, die sich nur noch in der tolpatschigen und lärmenden Herzlichkeit eines freundlich gesonnenen Tieres bestätigt, dem ein Verstand abgeht, »dessen es bedarf, um die Maximen seiner Antriebe universalisieren zu können«[4]: Innerhalb der Geschichte des Unmenschlichen ist dies die abgründige Besonderheit des zwanzigsten Jahrhunderts.

---

[3] Emmanuel Lévinas, »Nom d'un Chien ou le Droit naturel«, in: *Difficile Liberté*, Albin Michel 1976, S. 201, A.d.Ü.: Im folgenden sind alle Zitate aus Werken, von denen eine deutsche Übersetzung nicht verfügbar ist, von S. Schaper übersetzt worden.
[4] Emmanuel Lévinas, *Difficile Liberté*, S. 202.

ERSTES KAPITEL

Wer ist mein Mitmensch?

Die Vorstellung, daß alle Völker der Welt eine einzige Menschheit bilden, gehört eigentlich nicht zum Wesen des Menschen. Was die Menschen sogar für lange Zeit von den meisten Tiergattungen unterschieden hat, ist gerade, *daß sie sich untereinander nicht erkennen*. Für eine Katze ist eine Katze immer eine andere Katze gewesen. Ein Mensch hingegen mußte stets bestimmte drakonische Bedingungen erfüllen, um nicht schutzlos aus der menschlichen Welt getilgt zu werden. Von Anfang an war es die Eigenart des Menschen, die Bezeichnung Mensch eifersüchtig allein der eigenen Gemeinschaft vorzubehalten.

Wären dann Menschen wie Pannwitz die Regel und am Ende doch nicht die Ausnahme? In einem Vortrag vor der UNESCO, den er kaum sechs Jahre nach der bedingungslosen Kapitulation jenes Regimes hielt, zu dessen Paladinen Doktor Pannwitz gehörte, erinnert Claude Lévi-Strauss daran, »der Begriff ›Menschheit‹, der ohne Unterschied der Rasse oder Zivilisation alle Lebensformen der Gattung Mensch einschließt,« sei »ziemlich spät aufgekommen und sehr wenig verbreitet. Selbst da, wo er seine höchste Ausbildung erfahren zu haben scheint, steht keineswegs fest – die jüngste Geschichte beweist es –, daß er gegen Mehrdeutigkeiten und Rückbildungen gesichert ist. Aber weiten Teilen der Gattung Mensch scheint dieser Begriff Zigtausende von Jahren völlig unbekannt zu sein. Die Menschheit endet an den Grenzen des Stammes, der Sprachgruppe, manchmal sogar des Dorfes, so daß eine große Zahl sogenannter primitiver Völker sich selbst einen Namen gibt, der ›die Menschen‹ bedeutet (oder manchmal – mit etwas mehr Zurückhaltung – ›die Guten‹, ›die Hervorragenden‹, ›die Vollendeten‹), was gleichzeitig einschließt, daß die anderen Stämme, Gruppen oder Dörfer keinen Anteil an den guten Eigenschaften – oder sogar an der Natur – des Menschen haben, sondern höchstens aus ›Schlechten‹, ›Bösen‹, ›Erdaffen‹ oder ›Läuseeiern‹ bestehen. Manchmal spricht man den Fremden sogar noch jene letzte Stufe an Realität ab, indem man sie als ›Phantome‹ oder ›Erscheinungen‹ ansieht. So kommt es also zu der merkwürdigen Situation, daß zwei Gesprächspartner sich ihre abwertenden Bezeichnungen auf grausame Weise zurückgeben.«[1]

Wer sich hier »Mensch« nennt, ist zweifellos nicht blind für die körperlichen Ähnlichkeiten der Menschen hier und an anderen Orten. Wenn sie trotz dieses Scharfblicks Fremde nach Insekten oder Vögeln nennen, reichen ja in ihren Augen menschliche Gesichtszüge nicht aus, um mit vollem Recht der Menschheit anzugehören. Überdies muß man in einer Tradition leben, die von den Göttern vorgegeben und auferlegt ist. In diesen von der Tradition regierten Gesellschaften hat die Reflexion auf die Tradition keinen Platz. Die Sitte gilt unumschränkt, gerade weil sie nicht als Sitte gelebt wird. Der Wortschwall des Shylock kann daher nur ins Leere gehen. Seine pathetische Anrufung elementarer Brüderlichkeit, seine verzweifelte Bezugnahme auf einen gemeinsamen Bestand an Reaktionen und

---

[1] Claude Lévi-Strauss, *Strukturale Anthropologie,* Band II, Frankfurt am Main 1975, S. 369 f.

Antrieben können nicht erschüttern. Hände, Organe, ein Körper, Sinne, Wünsche, Gefühle; zu bluten, wenn man Sie sticht, zu lachen, wenn man Sie kitzelt, und Schmähungen zu vergelten: Diese Züge sind vielleicht allgemein menschlich, sie sind deswegen jedoch kein universeller Passierschein. Sie schaffen unter verschiedenen Gruppen keinerlei Zusammengehörigkeitsgefühl. Letztlich zählt die Lebensart, die in der vagen Masse redseliger Zweifüßler ohne Diskussion das Menschliche und das Nichtmenschliche voneinander abgrenzt.

Unsere Zivilisation verdankt der Bibel und der Philosophie die Zurückweisung dieser Tatsache wie auch die Anfechtung dieser Aufteilung. Dem Volk, mit dem Er sich verbündet und das Er wie keine andere Gottheit verflucht, seiner zärtlich geliebten Nation erklärt der Gott der Bibel: »Absolute Regel für Euch und Eure Nachkommen: Ihr und der Fremde, Ihr werdet gleich sein vor dem Ewigen.« Der einzige Gott enthüllt den Menschen die Einheit der menschlichen Gattung. Eine unglaubliche Botschaft und eine ungeheuerliche Offenbarung, die Emmanuel Lévinas mit Recht sagen läßt: »Der Monotheismus ist keine Arithmetik des Göttlichen. Er ist die vielleicht übernatürliche Gabe, den Menschen hinter der Verschiedenheit der historischen Traditionen, die jeder einzelne fortsetzt, als absolut dem Menschen gleich zu sehen.«[2]

Geboren aus dieser einfachen, gewaltigen und frevelhaften Frage: »Was ist?«, führt die Philosophie zur selben

---

[2] Emmanuel Lévinas, Monotheismus und Sprache, in: *Schwierige Freiheit. Versuch über das Judentum*, Frankfurt am Main 1992, S. 126, A.d.Ü.: Die deutsche Fassung enthält nur Auszüge des Originals »Difficile Liberté«. Daher wird hier sowohl die deutsche als auch die französische Ausgabe verwendet.

Offenbarung, aber über den vollkommen anderen Weg rein menschlichen Staunens. Nach den Worten Goethes »von einer Ergriffenheit vor der gewaltigen Wirklichkeit erfüllt« zu sein, der von nun an durch nichts bereits Ausgesprochenes zuvorzukommen ist; den Antworten, die von den Vorfahren überliefert wurden, zu widerstehen, um sich mit einer alles ins Werk setzenden Kühnheit zu fragen: »Was ist das Wahre? Was ist das Gerechte? Was ist das Schöne?«; nicht mehr zu sagen: »Das hier ist gut, weil es unsere und die uns eigene Art und Weise ist«, sondern: »Wo ist das Gute, damit wir ihm dienen können?«, das bedeutet, in sich Platz zu machen für den Blick über sich hinaus. Die Sitten, die seit Anbeginn der Zeiten urteilen, sehen sich unversehens vorgeladen und verurteilt. Zum erstenmal ist es möglich, in ihnen das Wesentliche vom Zufälligen und das aus der Natur Hervorgehende vom Konventionellen zu unterscheiden. Die Tradition wird als solche gedacht und nicht mehr als Wahrheit erlebt, und der außergewöhnliche Begriff, der hier zum Vorschein kommt oder der sich infolge dieser Kluft vorstellen läßt, ist der *einer einzigen Menschheit.*

Daß meine Sitten zu einem gewissen Teil der Konvention entstammen, besagt: Ich hätte andere befolgen können, ohne deswegen meine Zugehörigkeit zur menschlichen Gattung auszusetzen. Mit anderen Worten, meine Menschlichkeit haftet nicht mehr an meiner Lebensart. Welchen Grund hätte ich demnach, jenen die Bezeichnung »Mensch« abzusprechen, deren Gebräuche von den meinen abweichen?

Mit dem Aufkommen der Philosophie ist die Wahrheit nicht mehr an die Tradition gekettet: Sie gilt gleichermaßen für alle, die sich von der Tradition nicht mehr blenden lassen. Sie bemüht sich allerorts um den Einklang der vernünftigen Seelen. Während die Mythen Geschichten erzählten, die den Göttern einstmals widerfuhren, besteht das große Vorhaben der aufkommenden Philosophie darin, die Natur zu entdecken. Aber die Natur, die mit dieser neuen Leidenschaft des Wissens erforscht und den Menschen bekannt gemacht wurde, ist eine *geordnete*. Die alten Kosmogonien überlassen das Feld einer majestätischen Kosmologie. Dem entschlossenen Blick, der die Macht der großen Ursprungserzählungen aufhebt, bietet sich ein hierarchisiertes Universum dar; für den interesselosen Betrachter, der sich von traditionellen Gegebenheiten befreit hat, gibt es in der Welt ein Oben und ein Unten: »In der unteren Sphäre befindet sich das Schauspiel der Fortpflanzung und des Zerfalls der Dinge, die aus den vier Elementen hervorgehen und in diese wieder zurückkehren. In der oberen Sphäre herrscht ein fünftes unzersetzbares Element, das sich aufgrund seiner eigenen Natur in einer kreisförmigen Bahn bewegt. In der unteren Sphäre können sich die Ereignisse immer nur in identischer Weise wiederholen. Sie bilden allenfalls einen Kreislauf, wie die Gewässer, die Jahreszeiten und die Tiergattungen. Doch besteht in ihr kein Individuum ewig fort. In der oberen Sphäre sind die Gestirne und die Individuen hingegen ewig. In der unteren Sphäre treibt alles seinem Untergang entgegen, in der oberen ›gibt es nichts anderes als Ordnung und Schönheit‹.«[3]

Somit ist die himmlische Sphäre nicht nur ein Raum, sondern auch ein Modell. Man findet im Widerschein des Unberührbaren sowohl ein Beispiel, über das es zu meditie-

---

[3] Rémi Brague, »Cosmos et éthique. La fin d'un modèle«, *Acta Institutionis Philosophiae et Aestheticae*, vol. 12, 1994, S. 56 f.

ren, als auch ein Wissen, das es zu erwerben gilt. Die zugleich physische und ethische Kosmosordnung befiehlt dem Menschen, der edelsten aller Kreaturen des Diesseits, seinen Blick zu heben und seine Lebensführung nach den Sternen zu richten. Was der Philosoph bei der Betrachtung des Universums entdeckt, ist das sichtbare Bild der Vollkommenheit. Die Philosophie dieser Zeit unterscheidet die Ontologie nicht von der Axiologie. Die theoretische Vorgehensweise kann nicht vom Streben nach seelischer Größe getrennt werden. Die antike Wissenschaft entspringt nicht der Neugier, sondern der Askese. Dieses Denken sondert die intellektuelle Arbeit niemals vom Streben nach Würde ab. Die Welt nach Maßgabe des Wahren zu verstehen bedeutet gleichzeitig, sie in Übereinstimmung mit dem Guten zu verstehen. Die Natur zu kennen bedeutet, sie nachahmen zu wollen. Und diese Nachahmung ist nur demjenigen möglich, der sich zuvor um das Wissen bemüht hat. So schrieb Platon in einem Text, dem beachtlicher Widerhall und eine lange Nachwirkung beschieden sein sollten: »Der Gott hat für uns das Sehvermögen erfunden und es uns geschenkt, damit wir, die Kreisläufe der Vernunft am Himmel sehend, sie anwenden sollten auf die Umläufe des Denkens bei uns, die sind mit ihnen verwandt, doch als verwirrte mit ungestörten; die sollten wir lernend erkennen, an der Richtigkeit ihrer Berechnung nach der Natur teilgewinnen, sollten die Kreisläufe des Gottes, die durchaus ohne Irren sind, nachahmen und so die in uns befindlichen, die in die Irre gehen, in Ordnung bringen.«[4]

»Die Umläufe des Denkens bei uns« sind die Regungen oder Antriebe des Körpers. Damit man sich mit der wun-

---

[4] Platon, *Timaios*, Hamburg 1992, S. 71, 47 bc.

derbaren Herrschaft der in sich ruhenden Himmelskuppel in Harmonie bringen kann, muß demnach der Körper der Herrschaft der Seele und der affektive oder sinnliche Teil unseres Wesens seinem rationalen Widerpart unterworfen werden. Aber es ist nicht allen gegeben, diese souveräne Beständigkeit zu erreichen.

Ihren jeweiligen Teilen des Irdischen und Himmlischen entsprechend sind die Menschen mehr oder weniger vom Modell der Natur entfernt. Hieraus zog Aristoteles seine berühmte Schlußfolgerung: Wenn die Menschen »so weit voneinander verschieden sind wie die Seele vom Körper und der Mensch vom Tier«, dann ist von Natur »jener ein Sklave, der einem andern zu gehören vermag und ihm darum auch gehört, und der so weit an der Vernunft teilhat, daß er sie annimmt, aber nicht selbständig besitzt«.[5]

Indem die Philosophie zugunsten des Ideals einer unbedingten Wahrheit die Vielfältigkeit der einzelnen Traditionen abwertet, läßt sie eine für die gesamte Menschengattung gemeinsame Welt erscheinen; diese Welt ist jedoch vertikal. Und natürlich leitet sich aus einer selbst hierarchisierten Natur die natürliche Hierarchie der Menschen ab. Der Vorrang des Himmels vor der Erde spiegelt sich im irdischen Verhältnis zwischen Hoch und Niedrig. Die vom *Logos* implizierte Idee der universalen Menschheit wird auf diese Weise von der Kosmologie in Schach oder zumindest ferngehalten.

Und die Menschen des Mittelalters bewegen sich immer noch in demselben Kosmos. Während der heilige Paulus die biblische Botschaft radikalisiert, – »es gibt keine Juden, Griechen, Sklaven, Freie, Männer, Frauen: Ihr alle seid eins

---

[5] Aristoteles, *Politik*, München 1996, Erstes Buch, S. 53, 1254 b.

in Jesus Christus«, und während er den dogmatischen Juden, die eigensinnig auf ihrem Partikularismus bestehen, die allesumfassende Liebe zum Menschen gegenüberstellt, spaltet die mittelalterliche Theologie die Menschheit noch unerbittlicher auf, als es die Philosophie der Alten bereits getan hat. So schreibt Isidor von Sevilla: »Gleichwohl die Ursünde allen Gläubigen durch die Gnade der Taufe vergeben wird, schafft der gerechte Gott doch einen Unterschied im Dasein der Menschen, indem er die einen zu Sklaven und die anderen zu Herren macht, auf daß die Freiheit, Böses zu tun, begrenzt werde durch die Macht des Herrschenden. Denn wären alle ohne Furcht, wie sollte das Böse verhindert werden?«[6] Die gesamte Menschheit ist zwar durch den Sündenfall verdorben – mag ihr auch zugleich das Reich Gottes verkündet sein –, doch beugt sich diese Offenbarung des Evangeliums widerstandslos der göttlichen Vision einer bis in den Himmel steigenden Rangordnung der Wesen. Die Sünde ist gewiß ebenso universal wie die Erlösung, doch diese doppelte Universalität stört nicht die Weltordnung, im Gegenteil, sie fügt sich derart folgsam darin ein, daß die ungleiche Verteilung des Guten und des Bösen, des Geistes und des Fleisches, des Himmels und der Erde zwischen den Lebewesen jede Hierarchie begründet. Weil die einen dem Göttlichen näher sind, widmen sie sich ihren Machtpositionen oder dem geistigen Leben, und weil die anderen ihrer Natur nach niedrig und nahezu geistlos sind, wurde ihnen die Strafe auferlegt, zu gehorchen und die zur Befriedigung der leiblichen Bedürfnisse notwendigen Arbeiten auszuführen.

---

[6] Zitiert nach Georges Duby, *Die drei Ordnungen. Das Weltbild des Feudalismus*, Frankfurt am Main 1993, S. 105.

Kurzum, die Einheit der Gattung Mensch mag zwar durchaus von den Aposteln und den ersten Philosophen feierlich verkündet worden sein, gleichwohl glauben die Menschen in einer vom hierarchischen Prinzip beherrschten Gesellschaft schwerlich daran, der gleichen Menschheit anzugehören. Um es mit den so richtigen Worten von Tocqueville zu sagen: Wo die Unterschiede auf einer natürlichen oder göttlichen Grundlage beruhen, *erkennt man Mitmenschen nur in den Mitgliedern der eigenen Kaste.* Das gleiche galt auch in der antiken Welt, ja sogar für jene, die Universalität in die Tat umsetzten: »Zur Zeit ihrer höchsten Bildung erschlugen die Römer die feindlichen Heerführer, nachdem sie sie im Triumphzug hinter einem Wagen hergeschleppt hatten, und die Gefangenen warfen sie zum Vergnügen des Volkes den wilden Tieren vor.«[7] Desgleichen in der mittelalterlichen Welt: »Wenn die Chronisten des Mittelalters, die durch ihre Geburt oder ihre Gewohnheiten alle zur Aristokratie gehörten, das tragische Ende eines Adligen berichten, so ist es unerhörter Schmerz; dagegen erzählen sie in einem Atemzug und ohne mit der Wimper zu zucken die Abschlachtung und Folterung von Leuten des gemeinen Volkes.«[8] Vergleichbare Stellen finden sich auch in dem vom spanischen Domherrn und Philosophen Ginès de Sepúlveda ausgearbeiteten Argumentationshandbuch anläßlich des großen Streites von Valladolid.

Wir befinden uns im Jahr 1550. Seit mehr als einem halben Jahrhundert hat Spanien in Amerika Fuß gefaßt, und

---

[7] Alexis de Tocqueville, *Über die Demokratie in Amerika*, München 1984, S. 657.
[8] Alexis de Tocqueville, *Über die Demokratie in Amerika*, S. 654.

seine großen Entdecker fanden sich unbekannten und seltsamen Bevölkerungen von Angesicht zu Angesicht ausgesetzt, auf die sie weder die biblische Erzählung der Schöpfung vorbereitet hatte, noch das Lesen der Alten, noch die unterschiedlichen Erfahrungen der Andersheit, die Europa bereits hatte machen können. Wer sind diese gefiederten Kreaturen? Haben sie Anspruch auf die Bezeichnung Mensch? Haben sie eigentlich eine Seele? Ist ihnen die Vernunft zugänglich? Kann man sie trotz ihrer Exotik als Nächste bezeichnen? Wie soll man sie behandeln? Muß man ihnen – und unter welchen Bedingungen – eine christliche Erziehung zukommen lassen? Hat man das Recht, sich ihrer vom Moment ihrer Bekehrung an zu bemächtigen?

Von diesen Fragen gequält – die Spanien gewiß nicht daran gehindert haben, dem neuen Kontinent mit Schwert und Feuer entgegenzutreten –, befiehlt Karl V. am 16. April 1550 die Aussetzung aller Entdeckungsfahrten und ruft einen Rat ein – wodurch er eine große theologische Kontroverse auslöst –, um »richtige Maßnahmen zu ergreifen, welche die Vernunft und Gerechtigkeit bei zukünftigen Eroberungen zufriedenstellen«.

So stehen sich Mitte August desselben Jahres Ginès de Sepúlveda und Bartolomé de Las Casas, »der die Tränen der Indianer auffängt«, vor einer königlichen Kommission unversöhnlich gegenüber, die aus Juristen und Theologen zusammengesetzt ist. Die Kontrahenten müssen nacheinander die folgende Frage beantworten: »Ist es Seiner Majestät erlaubt, gegen die Indianer Krieg zu führen, ehe ihnen der Glaube gepredigt wurde?« Für Sepúlveda, der das Streitgespräch eröffnet, rechtfertigen vier Gründe den Krieg und machen ihn nicht nur rechtens, sondern sogar ratsam: »Die Schwere der Vergehen, die sich die Indianer zuschulden kommen lassen, insbesondere ihr Götzendienst und ihre Sünden wider die Natur; die Niedrigkeit ihres Verstandes, der sie zu einer sklavischen und barbarischen Nation macht, die vorbestimmt ist zum Gehorsam gegenüber den weiterentwickelten Menschen, wie dies die Spanier sind; die Notwendigkeit des Glaubens, denn durch ihre Unterwerfung wird ihre Missionierung einfacher und schneller vonstatten gehen können; das Böse, das sie sich gegenseitig zufügen, indem sie unschuldige Menschen für ihren Opferdienst töten.«[9]

Sepúlveda, ein bedeutender Gräzist, hatte kurz zuvor die *Politik* des Aristoteles übersetzt. Und unter der sehr schlüssigen Berufung auf die einzigartige Autorität dieses Philosophen, stellt er das Verhältnis zwischen Konquistadoren und Eingeborenen gemäß folgendem Prinzip vor: »Das Vollkommene muß über das Unvollkommene, das Starke über das Schwache, die Vortrefflichkeit der Tugend über ihr Gegenteil herrschen.«[10] Die Indianer, führt er im wesentlichen aus, geben sich allerlei abscheulichen Leidenschaften hin: Vor der Ankunft der Spanier bekriegten sie sich untereinander mit einer derartigen Raserei, daß der Sieg für sie unnütz und fade war, wenn er es ihnen nicht erlaubte, sich am Fleisch ihrer Feinde sättigen zu können. Der Gelehrte erinnert daran, daß die Skythen ebensolche Kannibalen, aber im gleichen Augenblick unerbittliche Krieger waren: Die Indianer hingegen seien so feige, daß es

---

[9] Zitiert nach Mariane Mahn-Lot, *Bartolomé de Las Casas et le Droit des Indiens*, Payot 1995, S. 168.
[10] Zitiert nach Tzvetan Todorov, *Die Eroberung Amerikas. Das Problem des Anderen*, Frankfurt am Main 1985, S. 185.

meistens nur einiger Konquistadoren bedürfe, um sie zu Tausenden »wie Frauen« in die Flucht zu schlagen. Kurzum, während die Spanier besonnen, intelligent, edelmütig, maßvoll, menschlich und fromm seien, fände man nur mit größtem Wohlwollen bei diesen »Untermenschen« (*homunculos illos*) menschliche Züge. »Nicht nur, daß sie vollkommen unwissend sind, sie verfügen darüber hinaus weder über den Gebrauch noch über die Kenntnis der Schrift. Sie pflegen keine historischen Denkmäler außer einer undeutlichen und unklaren Erinnerung an Dinge, die in bestimmten Gemälden festgehalten sind. Sie haben kein geschriebenes Gesetz, sondern bestimmte barbarische Gesetze und Gewohnheiten. Und sie kennen das Eigentumsrecht nicht.«[11] Die Indianer seien wie Kinder Erwachsenen oder wie Frauen Männern unterlegen. Ihre Verschiedenheit von den Spaniern, fügt Sepúlveda hinzu, sei sogar ebenso groß wie die eines grausamen Volkes von einem friedliebenden und wie die der Affen von Menschen ohnehin: Wie könne man bezweifeln, daß derart mit Unsittlichkeit und Gottlosigkeit besudelte Bevölkerungen nur zu Recht von einer Nation erobert worden seien, die selbst wiederum mit allen Tugenden reichlich ausgestattet sei? Auf jeden Fall passen die Einwohner des westlichen Indien in die aristotelische Kategorie des geborenen Sklaven. Würden sie die strenge Zucht ihrer rechtmäßigen Herren zurückweisen, so befehle das Recht, sie mit Waffengewalt zum Gehorsam zu zwingen.

Bei seiner Erwiderung begibt sich Las Casas zum Schein auf dasselbe philosophische Terrain wie Sepúlveda. Der

---

[11] Zitiert nach Lewis Hanke, *Colonisation et Conscience chrétienne au XVIe siècle*, Plon 1957, S. 185f.

Bischof von Chiapas hält der Vorstellung, es sei rechtens und notwendig, Völker ohne Recht und Glauben zu unterjochen, die etablierten Sitten und das zivilisierte Leben der Indianer entgegen. Da Aristoteles der Bezugspunkt ist, wendet er diesen gegen seinen Gegner und beweist mit eindringlichen Beschreibungen, daß die Ureinwohner der neuen Welt in ihrem individuellen Verhalten, ihrem Familienverband und sogar ihren Gemeinden, Städten oder Königreichen Besonnenheit und damit die Fähigkeit zum Regieren an den Tag legen. *Prudencia monástica, prudencia económica, prudencia política*: Als höchst vernünftige, zivilisierte und entwickelte Wesen erfüllten die Eingeborenen alle von Aristoteles festgelegten Bedingungen, um zu einem guten Leben zu gelangen.

Aber dieser Beweis aristotelischer Orthodoxie geht rein rhetorisch vor, ohne sich ihrem Inhalt verpflichtet zu fühlen. Letztlich sprechen Las Casas und Sepúlveda nicht dieselbe Sprache. Dieser bewohnt noch den Kosmos, während es für jenen im Universum keine ontologisch differenzierten Elemente mehr gibt. Für den Apologeten der Eroberung beruht die Natur auf dem Prinzip der Ungleichheit; sie kennt Stufen, Ränge, hierarchische Ebenen und unterschiedliche Ordnungen. Aus dem Blickwinkel des Anwalts der Indianer betrachtet regiert ein und dasselbe Gesetz einen einheitlichen Raum und eine homogene Wirklichkeit. Anders gesagt erscheint in der Art und Weise, die Welt zu sehen und zu denken, die Las Casas bereits eigen ist, sogar die Idee des geborenen Sklaven auf jeden Fall inakzeptabel: Die Natur eint die Menschen, sie trennt sie nicht. Shylock kann sich wieder etwas vorwagen: Nirgendwo auf der Erde gibt es menschliche Wesen, von denen man das Recht hätte zu behaupten, sie seien keine Menschen, oder daß sie aufgrund ihrer Natur oder in ihrem eigenen Interesse der Vormundschaft bedürften. Denn »alle erfreuen sich am Guten und Wohltuenden, und alle fliehen und hassen das Übel und empfinden das Unangenehme und Schädliche als unannehmbar.«[12]

Las Casas hat gewiß nichts von einem naturalistischen Denker. Er begnügt sich nicht damit, einige einfache, knappe, grundsätzliche und universale Forderungen der überheblichen aristotelischen Klassifikation entgegenzusetzen. Er führt die Verschiedenheit der Bräuche nirgendwo auf die Ähnlichkeit der Bedürfnisse zurück, denn obwohl sich letztere bei allen Menschen finden lassen, erschöpfen aus seiner Perspektive das Glücksstreben und die Vermeidung von Übel und Unbequemlichkeit noch lange nicht die Menschlichkeit der Völker und der Individuen. Die Anwesenheit des Absoluten bei den menschlichen Wesen wird weder durch deren Unterwerfung unter dieselben Lebensgesetze aufgehoben noch durch deren Einfügung in den großen Mechanismus des Universums. Doch die große Umwälzung der physischen Welt ändert auch die geistige Welt. Steht alles Seiende unter dem gleichen Vorzeichen, ist die Unterscheidung zwischen oben und unten nicht mehr stichhaltig, und es kann sich von nun an niemand mehr auf seine Stellung im Sein berufen.

Ist Gott nirgendwo zu verorten, sind alle Orte gleich fern von ihm. Jedes Volk hat es zum himmlischen Ursprung ebenso nah und ebenso weit, und eine gleiche Sehnsucht, ein gleicher Wille, diese unüberbrückbare Kluft zu überwinden, lassen sich demnach an allen Arten able-

---

[12] Las Casas wird zitiert nach Alain Milhou, Vorwort zu *La Destruction des Indes de Bartolomé de Las Casas*, Éd. Chandeigne 1995, S. 49.

sen, das Ewige zu ehren oder den Namen Gottes auszusprechen. In allen Zeremonien ist die gleiche Andacht am Werk. Die Verbindung zum Verborgenen ist kein abgesichertes Gefilde mehr, kein Glaubensbekenntnis hat das Monopol des wahren Glaubens. Die Wahrheit ist, wie es sich gehört, eine einzige, doch hat sie aufgehört, erkennbar zu sein, was zwischen der Einheit und der Verschiedenheit eine noch nie dagewesene Beziehung einführt: Im Vielfältigen liegt nicht mehr die Verirrung, sondern umgekehrt bringen die Vielfältigkeit und sogar Heterogenität der religiösen Formen die Universalität der Religion zum Ausdruck. Dadurch entsteht die Toleranz als Wert aus der Nichtverortbarkeit des Allerhöchsten. Bevor diese egalitäre Kosmologie durch Galilei die Weihen der Wissenschaft erhielt, war sie von Nikolaus von Cues in *Die belehrte Unwissenheit* und in *Der Friede des Glaubens*[13] ausgearbeitet und bis in ihre letzten theologischen und moralischen Konsequenzen vorangetrieben worden. Bei Las Casas bereits implizit gegeben, führt die egalitäre Kosmologie dazu, den Sinn der Missionierung selbst neu zu definieren und kühn zu behaupten, die Heiden hätten nicht nur das Recht, sondern die Pflicht, ihre Abgötter zu verteidigen: »Weil die Götzendiener ihre Götzen für den wahren Gott halten, richten sich ihre Glaubensformen eigentlich an den wahren Gott.«[14]

Zwei Sprachen folglich und zwei Welten, zwischen denen zu wählen sich die Richter von Valladolid weigern.

---

[13] Vgl. Ernst Cassirer, *Individuum und Kosmos in der Philosophie der Renaissance*, Darmstadt 1994, S. 7–76.
[14] Zitiert nach Mariane Mahn-Lot, *Bartholomé de Las Casas et les Indiens*, S.170.

Am Schluß des endlosen Streites wurde keine Entscheidung gefällt. Der theoretische Konflikt, der zum Schlagabtausch des Verteidigers der Konquistadoren mit deren erklärtem Gegner führte, blieb ergebnislos. Sepúlveda schrieb einem Freund, die Richter hätten, mit Ausnahme eines einzigen Theologen, die Herrschaft der Christen über die Barbaren der neuen Welt für legitim befunden. Las Casas seinerseits gab vor, die Versammlung habe zu seinem Vorteil entschieden, aber »zum großen Nachteil für die Indianer« seien ihre »Entscheidungen nicht gut ausgeführt worden«.[15]

Wem soll man glauben? Die Krone erteilte den kriegerischen Schriften Sepúlvedas niemals ihr Imprimatur; immerhin weiß man aber auch, daß der Rat der Stadt Mexiko ihm unter Bezeugungen der Wertschätzung und Dankbarkeit ein Geschenk von Kleidungsstücken und Schmuck bewilligte. Darüber hinaus ist festzustellen, daß die Ersetzung des Wortes »Eroberung« durch »Befriedung« in der Anordnung, die Philipp II. einige Jahre nach der Kontroverse verkündete und die dazu bestimmt war, alle neueren und zukünftigen Eroberungen zu Land und zu Wasser gesetzlich zu regeln, das Schicksal der Indianer nicht im geringsten gemildert hat.

Es bleibt dennoch unbenommen, daß Las Casas den Sinn des Wortes »Barbarei« verändert und ihm hinter seiner offiziellen Definition eine subversive Karriere eröffnet hat, die noch lange nicht beendet ist. In der Einschätzung des Anwalts der Indianer stehen schließlich diejenigen auf dem unteren Ende der Leiter, die die Menschheit unbelehr-

---

[15] Zitiert nach Lewis Hanke, *Colonisation et Conscience chrétienne au XVIe siècle*, S.196.

bar im Lichte der Rangordnung sehen. Wer den Mönch aufgrund von Äußerlichkeiten und seiner Verstrickung in Gewohnheiten nur am Gewand erkennt, erweist sich als gleichermaßen gefühllos wie roh und unkultiviert. Nimmt man die Hierarchie für bare Münze, so bestätigt man die Beschränktheit seines Geistes und bekundet obendrein seine Unkenntnis. Die Konfrontation mit der Neuen Welt läßt das große europäische Thema des *barbarischen Europa* entstehen; der intoleranten Zivilisation und des »wer es sagt, ist es selbst!« Dahingehend schreibt Las Casas in seiner *Apologética historia*: »Wir verurteilen die als barbarisch, die keine kultivierte Schrift oder Sprache besitzen. Aber die Indianer könnten uns sehr wohl ihrerseits für die größten Barbaren halten, denn wir verstehen ja nicht einmal ihre Sprache.«[16] Und zum gleichen Zeitpunkt Montaigne in seinen *Essais*: »Nun finde ich, um wieder auf meinen Gegenstand zu kommen, daß es nach dem, was man mir davon berichtet hat, an diesem Volke nichts Barbarisches oder Wildes gibt, es sei denn, daß jedermann das Barbarei nennt, was nicht seiner Gewohnheit entspricht; wie wir denn in der Tat keinen Prüfstein der Wahrheit und der Vernunft haben als das Beispiel und Vorbild der Meinungen und Bräuche des Landes, in dem wir leben. Hier herrscht stets die vollkommene Religion, die vollkommene Staatsordnung, die vollkommene und unübertreffliche Gepflogenheit in allen Dingen.«[17]

Dieselbe Vorstellung inspiriert Montesquieu zwei Jahrhunderte später zu seinem ironischen Plädoyer für die Ver-

---

[16] Zitiert nach Mariane Mahn-Lot, »Las Casas et les Cultures païennes«, *Le Supplément, revue d‹éthique*, Juni 1995.
[17] Michel de Montaigne, *Essais*, Zürich 1996, S. 231.

sklavung der Schwarzen: »Die Menschen, um die es sich dabei handelt, sind schwarz vom Kopf bis zu den Füßen und haben eine so platte Nase, daß es fast unmöglich ist, sie zu beklagen. Man kann sich nicht vorstellen, daß Gott, der doch ein allweises Wesen ist, eine Seele und gar noch eine gute Seele, in einen ganz schwarzen Körper gelegt habe.«[18]

Lévi-Strauss, der bisher letzte der großen Erben dieser großartigen Tradition, gibt ihr im übrigen die schärfste Formulierung: »Denn ein Barbar«, liest man in seinem Vortrag vor der UNESCO, »ist ja vor allem derjenige, der an die Barbarei glaubt.«[19]

Und der Mensch, der an die eigentliche Überlegenheit der höheren Klassen glaubt? Der Mensch, der die öffentliche Ordnung buchstäblich für eine göttliche hält? Ist er jemand, der die Rolle mit der Person verwechselt, und der, indem er das Jenseits im Gepränge sieht, vor dem Prahlen der Adligen, dem Pomp der Kirche und dem Prunk der Macht ein Gefühl von religiöser Pietät empfindet? Dieser Mensch ist ohne Zweifel weniger unsympathisch als der von Las Casas, Montaigne, Montesquieu und Lévi-Strauss beschriebene und verspottete Zivilisationsbarbar, denn anstatt das Andere des Menschlichen auszuschließen, schließt er sich nur selbst von der vollendeten Menschheit aus: Niemals, wie Groucho Marx gesagt hätte, würde er einem Club beitreten, der ihn als Mitglied zuließe. Aber neben der Tatsache, daß diese beiden Verhaltensweisen problemlos im selben Individuum Platz finden, ist ein identischer Mechanismus in der Unterwürfigkeit der »Niederen« und im

---

[18] Charles de Montesquieu, *Vom Geist der Gesetze*, 15. Buch, Band 1, Tübingen 1951, S. 334.
[19] Claude Lévi-Strauss, *Strukturale Antropologie, Band II*, S. 370.

Hochmut der Eroberer wirksam. Als erster demonstriert dies Pascal: Auf einer von der göttlichen Stimme verlassenen Erde, wo nur noch eine »ewige Stille« widerhallt, erhalten die Rangunterschiede zwischen den Menschen einzig durch unsere Einbildungskraft, diese »Gebieterin über Irrtum und Falschheit«, eine metaphysische Dimension. »Wer gewährt Ansehen, wer verschafft den Menschen, den Werken, den Gesetzen, den Großen Achtung und Verehrung, wenn nicht dieses Einbildungsvermögen. Alle Schätze der Erde (sind) ohne ihre Billigung unzureichend.«[20]

Ab dem Zeitpunkt, da der Himmel kein Obdach mehr bietet, bilden Hokuspokus oder Hypnose die Grundlage für das hierarchische Prinzip, das in die Ordnung der Dinge einer Welt eingeschrieben war, die zuvor als Kosmos gedacht wurde.

Die Gegenwart des Übernatürlichen hat aufgehört, Erfahrungsgrundlage zu sein. Sie gehört jetzt nur noch in den Bereich der Illusion. Das Offenkundige verwandelt sich in einen Hinterhalt: Die irdische Kundgebung des Göttlichen wird zur grandiosen Fiktion und einer Fülle von Spezialeffekten. Nicht mehr der Glaube stützt das soziale Gebäude ab, sondern der Zweifel. Das Künstliche regiert jetzt an der Stelle, wo vormals das Ewige uneingeschränkt galt. Kurz und gut, nachdem der Allmächtige die Weltbühne verlassen hat, ersetzt die Fata Morgana das Wunder, das Reich des trügerischen Scheins folgt der Pracht der Wahrheit und die Divina commedia räumt ihren Platz der großen Comédie humaine: »Unsere Justizbeamten haben dieses Geheimnis genau erkannt. Ihre

---

[20] Blaise Pascal, »Gedanken« in: Pascal. Ausgewählt und vorgestellt von Eduard Zwierlein, München 1997, S. 246.

toten Talare, ihr Hermelin, worin sie sich wie mit Pelzstreifen geschmückte Katzen einwickeln, die Paläste, in denen sie Recht sprechen, die Lilienwappen, diese ganze erhabene Pracht war sehr notwendig.«[21]

Auf diese Weise bemüht sich Pascal unaufhörlich, in seiner Religionslehre nichts vom Glauben an die göttliche Substanz der sozialen Ordnung fortdauern zu lassen. »Jeder gesellschaftliche Rang, auf den sich ihr Besitz gründet, ist kein naturgegebener Rang, sondern eine menschliche Einrichtung«, schreibt er schonungslos den Großen, die versucht wären, dem Aberglauben, dessen Gegenstand sie selber sind, nachzugeben und tatsächlich zu wähnen, über der Gemeinschaft der Menschen zu stehen. Es gibt freilich soziale Umstände, aber nur eine einzige Condition humaine, sagt Pascal, der mit diesen unerbittlichen Worten die Entgiftungskur der Aristokratie weiter fortsetzt: »Eure Seele und Euer Leib sind von sich aus gleichgültig für den Stand eines Fährmanns oder den eines Herzogs; und es gibt kein natürliches Band, das sie eher mit einer Stellung als mit einer anderen verknüpft.«[22]

Nachdem er hinter die Kulissen geblickt hat, hält Pascal tatsächlich aber eine Lobrede auf dieses Trugbild. Das Volk glaube vorbehaltlos an diesen politischen und sozialen Hokuspokus und lasse sich von der prunkvollen Zurschaustellung der Obrigkeit, der Privilegien oder der Macht täuschen, doch warnt er vor dem schwerwiegenden Fehler, es über diesen Irrtum aufklären zu wollen. Er hat recht im Unrecht, und sein Wahnsinn oder seine Naivität sind sehr viel weiser als der Scharfsinn der Halbklugen, die »die Welt

---

[21] Blaise Pascal, *Gedanken*, S. 247.
[22] Blaise Pascal, »Drei Abhandlungen über die Stellung der Großen«, in *Pascal. Ausgewählt und vorgestellt von Eduard Zwierlein,* S. 287.

in Unordnung bringen und alles verurteilen«, indem sie die Wahrheit von den Dächern schreien. Weil jedes Ich die anderen anfeindet und tyrannisieren möchte, ist der Schrecken des Bürgerkriegs die einzige Alternative zur Hierarchie und ihren Vortäuschungen. Denn die Vorstellungskraft schläfert nicht nur die Intelligenz ein. Sie wirkt außerdem als Beruhigungsmittel gegen die Gier nach Ruhm, die Qualen des Neides, die Leidenschaft zu herrschen, und das heißt gegen die erste und schlimmste aller Lüste: die Eigenliebe. *Ein schlafendes Ich soll man nicht wecken.* Sogar jene, die sich nichts vorgaukeln lassen wollen, führt diese zersetzende Gewißheit dazu, sich selbst Sand in die Augen zu streuen; sie spielen das Spiel mit und verbeugen sich wie die große Masse vor der Würde der Institution, damit unter keinen Umständen das Geheimnis der Gleichheit der Menschen gelüftet werde. Mit seinem unerwarteten Beitrag der Doppelzüngigkeit steht der scharfsinnige Pascal auf diese Weise den Betrogenen bei.

Doch so entschlossen sich dieser Beistand auch gibt, er enthält bereits eine Flucht. Pascal setzt den Gesichtern, die er rücksichtslos entblößt hat, vergebens wieder die Maske des Vorrangs auf, vergebens rechtfertigt er die große politische und soziale Lüge durch die Unvollkommenheit unserer Natur oder durch den Fluch, der seit dem Sündenfall auf der Menschheit lastet; das Übel ist angerichtet, denn er tut es nur noch halbherzig. Sein Werk betreibt wider Willen die Entmystifizierung, welche die Menschen dazu bringt, ihre Ungleichheit anders zu leben. Die demokratische Wende der ungleichen Beziehung ist schon in den *Pensées* skizziert, und die von Pascal propagierte Heuchelei kündigt bereits das aufgeklärte oder informierte Universum an, in dem, wie Tocqueville einleuchtend schreibt,

Reichtum und Armut, Befehl und Gehorsam »vergeblich« und »zufällig große Abstände zwischen zwei Menschen errichten; die öffentliche Meinung, die sich auf die übliche Ordnung der Dinge gründet, rückt sie auf der gemeinsamen Ebene nahe zusammen und schafft zwischen ihnen eine Art eingebildeter Gleichheit, ungeachtet der tatsächlichen Ungleichheit ihrer gesellschaftlichen Stellung.«[23]

Am Ende der Entzauberung wird die Wahnvorstellung der Ungleichheit unter den Menschen entthront durch die imaginäre Gleichheit, und was als »Idee des dahinter Verborgenen« die reglementierte Gesellschaft aushöhlte wie der Wurm die Frucht, wandelte sich inmitten der Individualgesellschaft zur Erkenntnisgewißheit und zur »Idee des unmittelbar Gegebenen« eines jeden. Nebenbei bemerkt, ist es überhaupt eine »Idee«? Ein Jahrhundert nach Pascal sahen die Philosophen der Aufklärung voller Freude, wie das Geheimnis der Ganzklugen den Verstand gegen den Bauch eintauschte und sich unverzüglich dem gesunden Menschenverstand anbot. Es sind die Tränen des Körpers, die den Scharfblick des Geistes unverhofft bestätigen und sie unter der Bezeichnung *Gefühl der Menschlichkeit* feiern: »Diese edle und erhabene Begeisterung«, schreibt Diderot in der *Enzyklopädie*, »quält sich mit den Schmerzen der Anderen und dem Bedürfnis, sie zu lindern; sie möchte das Universum durcheilen, um die Sklaverei, den Aberglauben, das Laster und das Unglück abzuschaffen.«[24] Während sie so den von Pascal geebneten Weg noch weitergehen, können die Enzyklopädisten mit Voltaire gegen diesen »erhabenen Misanthropen« die Sache des Menschengeschlechts

---

[23] Alexis de Tocqueville, *Über die Demokratie in Amerika*, S. 672.
[24] Zitiert nach Paul Vernière, *Lumières ou Clair-obscur*, PUF 1987, S. 196.

einklagen. Das Ich, sagen sie im wesentlichen, ist aufgrund seiner Fähigkeit zum Mitgefühl nicht oder nicht mehr hassenswert. Die bevorstehende politische Revolution ist nur der Niederschlag des neuen Paradigmas menschlichen Umgangs, der mit der folgenden Definition anhebt: »Die auf Empfindsamkeit beruhende Wiedererkennung des Menschen durch den Menschen.«[25]

Die Vorstellung der menschlichen Verwandtschaft gibt sich zukünftig in der Form unbegrenzten *Beileids* zu erkennen, einer empfindsamen Anteilnahme an allen Übeln also, welche die Menschen heimsuchen. Der demokratische Mensch, der nun in Erscheinung tritt, ist nicht nur aufgeklärt, sondern auch empfindsam. Seine Fähigkeit zur Sympathie nimmt in dem Maße zu, wie sein Respekt vor der Hierarchie abnimmt. Je weniger er sich blenden läßt, um so mehr wird er gerührt. Je geringer seine Nachgiebigkeit, um so mehr ist er zu beeindrucken. Je geringer seine Unterwürfigkeit, um so größer seine Barmherzigkeit. Gerade weil er so unverschämt lacht, vergießt dieser schalkhafte Figaro, dem jede Form von Götzendienst widerstrebt, seine Tränen so verschwenderisch. Sein Mitgefühl entwickelt sich im Rhythmus der Gleichstellung, und *sein Herz hat seine Gründe, die die Vernunft bekräftigt.* »Sind wir empfindsamer als unsere Väter?«, fragt Tocqueville, der große Anthropologe der geschichtlichen Veränderung des élan naturel. Ich weiß es nicht; aber ganz gewiß gibt sich unsere Empfindsamkeit mehreren Gegenständen hin.

---

[25] Diesen Ausdruck übernehme ich von Robert Legros, »La reconnaissance sensible de l'homme par l'homme«, EPOKHE 2, Jérôme Millon 1991, S. 236–262. Vgl. auch Robert Legros, *L'Idée de l'humanité. Introduction à la phénoménologie*, Grasset 1990, ein hervorragendes Buch, dem dieses Kapitel viel verdankt.

»Haben alle in einem Volke fast den gleichen Rang, so kann, da alle Menschen ungefähr gleich denken und fühlen, jeder sofort die Empfindungen aller anderen erschließen, er wirft einen raschen Blick auf sich selbst; das genügt ihm. Es gibt demnach kein Elend, das er nicht mühelos verstünde und dessen Umfang ihm nicht ein geheimer Instinkt erschlösse. Ob es sich[26] um Freunde oder Feinde handelt: die Einbildungskraft versetzt ihn alsbald an deren Stelle. In sein Mitleid mischt sich persönliches Erleben, und es läßt ihn selbst leiden, während man den Leib seines Mitmenschen zerreißt.«[27]

Vergeblich: dieser Ausdruck Tocquevilles in bezug auf die Aufteilung der Gesellschaft in Klassen kennzeichnet erneut die Niederlage der Differenz vor der Ähnlichkeit. Die Einbildungskraft, die eben noch im anderen Menschen mehr oder weniger den einzelnen Menschen sah, durchbricht nun die dicksten Mauern und überschreitet alle symbolischen oder geographischen Hindernisse, welche die Menschheit aufsplittern. Unter dem Eindruck dieser neuen Koexistenz – der zunehmenden Gleichheit der Umstände – wird jedermann, ja sogar der erstbeste zum Mitmenschen; selbst dann, wenn er ein Fremder, und selbst dann, wenn er ein Feind ist.

Die Erfahrung von der Unfähigkeit des Feindbegriffes, den Begriff des Mitmenschen zu verschleiern, machte der italienische Offizier Emilio Lussu zur Unzeit und auf verwirrende Weise in einer klaren und ruhigen Septembernacht 1916 auf der Hochebene von Asagio. Er hatte sich mit einem anderen Soldaten außerhalb des Schützengra-

---

[26] im frz. Original ›vergeblich‹.
[27] Alexis de Tocqueville, *Über die Demokratie in Amerika*, S. 656.

bens gewagt, um zu versuchen, die unsichtbare Kanone 37 zu erkunden, die seit einigen Tagen seinen Linien Sorge bereitete. Nachdem er einige Meter auf allen Vieren zurückgelegt hatte, geriet er zufällig an einen Ort, von dem aus er den gegnerischen Schützengraben in seiner Breitseite beobachten konnte. Ein *seltsam vertrautes* Bild bot sich nun seinem Blick dar: »Nun waren sie also da, die Österreicher: ganz nahe, beinahe zum Greifen nah, und ruhig wie Fußgänger auf den Gehsteigen einer Stadt. [...] Mit einemmal bot sich unseren Augen ein völlig unbekanntes, fremdartiges Leben dar. Immer wieder hatten wir diese Stellungen angegriffen, und jedesmal vergeblich, angesichts des heftigen Widerstandes. Nach und nach aber waren sie uns wie tot vorgekommen, als düstere Stätten, in denen Lebende nicht geduldet wurden, die unheimlichen, schreckenerregenden Gespenstern als Unterschlupf dienten. Jetzt aber lagen diese Gräben offen vor unseren Augen. Wir sahen das Leben, den Alltag dieser Gräben. Das also war er, der Feind, das waren sie, die Österreicher! Menschen und Soldaten wie wir, die aussahen wie wir, in Uniform wie wir. Sie bewegten sich, redeten miteinander und tranken Kaffee, genauso wie es um diese Stunde unsere Kameraden hinter uns taten. Seltsam! Doch warum hätten sie nicht Kaffee trinken sollen? Weshalb schien es einem so ungewöhnlich, daß sie Kaffee tranken? So zwischen zehn und elf Uhr würde auch da die Verpflegung kommen, genau wie bei uns. Dachten wir etwa, der Feind könnte leben, ohne zu trinken und ohne zu essen? Natürlich nicht. Doch was war dann der Grund meines Erstaunens?« [28]

[28] Emilio Lussu, *Ein Jahr auf der Hochebene*, Wien, Zürich 1992, S. 163 f.

Aufgebrochen, um eine feindliche Stellung auszukundschaften, stößt Emilio Lussu unversehens auf Soldaten, die ihm gleichen. Gewiß erfährt er nichts, was er nicht bereits wüßte. Er brauchte nicht nachzuprüfen, ob die Österreicher auch Menschen waren. Ganz und gar dem Krieg anhängend, an dem er beteiligt war, ganz und gar vom Wunsch erfüllt, mit dem Sieg der Mittelmächte dazu beizutragen, den Triumph der Reaktion in seinem Land und in Europa zu verhindern, hatte er niemals geglaubt, gegen Mitglieder einer anderen Gattung zu kämpfen. Die Propaganda war ein Übel weit hinter der Front und tangierte ihn nicht. Aber plötzlich sieht er jene von nahem, die er von ferne bekämpfte. Und zu seiner eigenen Bestürzung weckt diese Großaufnahme sein Gemeinschaftsgefühl mit den anderen wieder auf, das der Krieg bis zu diesem Augenblick verschüttet hatte. Er hat eine Schwachstelle, durch die Shylocks Einspruch von nun an unbemerkt und langsam einsickern kann. Aber Lussus Verblüffung nimmt noch weiter zu. Ein Offizier tritt auf. Augenblicklich schweigen die österreichischen Soldaten und treten zur Seite. Lussu, der seit langem als Soldat dient und wie ein Soldat im Krieg denkt, greift nach dem Gewehr des Korporals, der ihn begleitet. Nach so vielen Stunden des Wartens, nach so vielen Patrouillengängen, nach so vielen Stunden verlorenen Schlafs, sagt er sich, wäre es Wahnsinn, sich dieses Stück Großwild, das in Schußweite an ihm vorbeigeht, entgehen zu lassen. Aber eine Geste wird diese kriegerische Entscheidung zunichte machen: »Der österreichische Offizier zündete eine Zigarette an. Jetzt rauchte er. Diese Zigarette stellte eine plötzliche Beziehung zwischen ihm und mir her. Ich sah den Rauch und empfand mit einemmal das Bedürfnis, auch zu rauchen. Dieser Wunsch setzte mein Denken in Gang. ›Auch ich habe Zigaretten bei mir,‹ dachte ich. Dies dauerte nur einen Augenblick lang. Trotzdem zielte ich nun nicht mehr automatisch, sondern mit Überlegung. Ich mußte daran denken, daß ich zielte und daß ich auf jemanden zielte. Der Zeigefinger, der eben noch gespannt am Abzugshahn gelegen war, wurde schlaff. Ich dachte. Ich war gezwungen zu denken. [...] Vielleicht war es auch diese völlige Ruhe, die meinen kriegerischen Sinn einschläferte. Ich hatte vor mir einen jungen Offizier, der nicht ahnte, in welcher Gefahr er schwebte. Ich konnte ihn nicht verfehlen. Ich hätte auf diese Entfernung tausendmal schießen können und hätte kein einziges Mal danebengeschossen. Ich brauchte nur abzudrücken: und er würde zu Boden fallen. Die Gewißheit, daß sein Leben von meinem Willen abhing, ließ mich zögern. Es stand ein Mensch vor mir. Ein Mensch! Ich sah deutlich seine Augen und jeden Zug seines Gesichts. Der Morgen wurde heller, und hinter den Berggipfeln kündigte sich die aufgehende Sonne an. Auf einen Menschen schießen, so, auf ein paar Schritte ... wie auf ein Wildschwein?«[29]

In dem Moment, da er sich zu tun anschickt, was sein Vorteil ihm gebietet, sein Gewissen ihm vorschreibt und ihm auch die lange Gewohnheit des Krieges befiehlt, wird Lussu vom *Blitzschlag der Evidenz* getroffen. Eine Gestalt, die sich entfernt, die unbedeutende Bewegung, sich eine Zigarette anzuzünden: Diese scheinbar unbedeutenden Details rauben dem feindlichen Offizier seine beiden Eigenschaften, Offizier und Feind zu sein. Was sich an ihm unmittelbar zeigt, sind nicht mehr die sichtbaren Bestimmungen seines Seins, sondern unabhängig von Stand,

---

[29] Emilio Lussu, *Ein Jahr auf der Hochebene*, S. 165 f.

Funktion, Stellung und Nationalität jene abstrakte Form der Menschlichkeit selbst. »Ich hatte einen Menschen vor mir!« Die bestürzende Entdeckung, die sich nun ereignet, ist keine Beobachtung des Verstandes, sondern ein *Mitgerissenwerden von der Einbildungskraft*. Durch den Effekt der *Wiedererkennung* versetzt sich Lussu an die Stelle des *Unbekannten*, den er in seiner Gewalt hält. Jäh überwältigt ihn das Mitleid. Es zeigt in diesem Fall nicht nur die Abneigung an, seinen Mitmenschen leiden zu sehen (nach der berühmten Definition von Rousseau), sondern vielmehr die Identifizierung mit dem todbringenden Leid, das er sich anschickt, dem anderen anzutun. Er war eins mit sich selbst; aber hier nun ist er gegen seinen Willen gespalten. *Der Heckenschütze von Sarajewo*[30] *fühlt die Schmerzen seiner Zielscheibe*. Der Lauernde leidet für sein Opfer. Diese unwiderstehliche Empathie verwandelt den gewissenhaften Militär, der er einige Augenblicke zuvor noch war, in einen potentiellen Mörder. Dieses »plötzliche Schmelzen und Zusammenbrechen der autistischen Veranlagung«[31] macht ihn vorübergehend untauglich für seinen Beruf als Soldat. Unfähig, *sich wieder in die Gewalt zu bekommen*, dieses Ausströmen des Ichs aufzuhalten, gibt sich Lussu geschlagen und reicht sein Gewehr dem Korporal zurück, der ihn begleitet. Dieser jedoch, Opfer derselben imaginären Blutung und durch dieselbe Evidenz wie erstarrt, lehnt das Angebot ab. Auf allen Vieren kehren sie also in den Schützengraben zurück. Unverrichteter Dinge.

---

30 Finkielkraut verwendet den Ausdruck »sniper«, mit dem die Heckenschützen in Sarajewo bezeichnet wurden. (A. d. Ü.)
31 Vladimir Jankélévitch, *Traité des vertus. Les vertus et l'amour* 2, Bordas 1970, S. 1016.

Dieser unerhebliche Zwischenfall nimmt dem Ersten Weltkrieg nichts von seinem Schrecken. Er lehrt uns nur, daß dieses ungeheure Massaker das Band der Menschlichkeit unter den Menschen nicht vollkommen zerrissen hatte. Dasselbe Mißgeschick konnte Doktor Pannwitz hingegen nicht widerfahren. In keinem Fall lief dieser Gefahr, sich an die Stelle des vor Angst zitternden Gefangenen vor seinem makellosen Schreibtisch zu versetzen. Er mochte ihn wohl in ganzer Größe vor sich sehen, doch wurde seine körperliche und geistige Unversehrtheit von keiner sich gemein machenden Einbildungskraft oder Persönlichkeitsspaltung bedroht.

Zweifelsohne ist der Umstand, keine Schwachstelle zu haben, nicht ausschließlich Pannwitz und seinesgleichen schicksalhaft vorbehalten. Die Wiedererkennung des Menschen durch den Menschen ist – weitab davon, allen Menschen angeboren zu sein – geschichtlich bedingt, wie dies Lévi-Strauss und Tocqueville aufzeigen. Aber diese Erinnerung entschlüsselt das dunkle Rätsel des 20. Jahrhunderts nicht, sie verschlimmert obendrein noch seine unheimliche Undurchschaubarkeit. Denn wie ist es möglich, daß *nach* der empfindsamen Wiedererkennung des Menschen durch den Menschen derart viele von ihnen, kraft eines von anderen Menschen verkündeten Dekrets, sich *auf der anderen Seite der Glasscheibe* haben wiederfinden können und eine erbarmungslose Grausamkeit erleiden mußten, die unvergleichbar ist mit der von Lévi-Strauss geschilderten Situation, in der zwei Gesprächspartner – beide davon überzeugt, das Monopol der Menschlichkeit zu besitzen – sich ihre abwertenden Bezeichnungen auf grausame Weise zurückgeben? Was ist also passiert, daß der Begriff der universalen Menschheit und Menschlichkeit im Herzen der

Zivilisation selbst, wo er seine eindrucksvollste Entwicklung erreicht hatte, in eine so tiefe und radikale Vergessenheit geraten konnte? Wird das von Lévi-Strauss verwendete Wort *Regression* dem Rätsel gerecht?

ZWEITES KAPITEL

Die Vorzüge des Gattungsnamens

In *Der engagierte Beobachter* erinnert sich Raymond Aron an ein Gespräch mit Sartre aus dem Jahr 1945 über den kühlen Empfang, den Frankreich den wenigen Juden bereitete, die aus der Deportation zurückkamen: »Wir stellten uns die Frage: Warum hat niemand, nicht ein einziger, einen Artikel geschrieben, in dem es hieß: ›Ein Willkommen den Juden zurück in der französischen Gemeinschaft?‹ Der tiefere Grund für dieses Schweigen war, daß man, was geschehen war, gewissermaßen ausradiert hatte.«[1] Weil Frankreich seinen ganzen Willen für die Wiederherstellung seines Selbstbildes aufwendete und vermittels der Widerstandskämpfer *ein Volk im Widerstand* feierte, hatte es andere Sorgen als die Vernichtung der Juden.

Mit der Veröffentlichung von *Betrachtungen zur Judenfrage* im November 1946 bricht Sartre dieses Schweigen und leistet für die anderen die Willkommensgeste, die sie nicht für nötig hielten. Ohne direkt auf den Genozid einzugehen, dessen Ausmaß für Sartre selbst noch durch den Krieg verstellt ist, wirft dieses kurze und dichte Buch einen Pflasterstein in den Teich des »Als-ob-nichts-gewesen-Wäre.« Im selben Moment, in dem die Gemeinschaft versucht, den Antisemitismus willentlich zu vergessen, um

---

[1] Raymond Aron, *Der engagierte Beobachter. Gespräche mit Jean-Louis Missika und Dominique Wolton*, Stuttgart 1983, S. 89.

sich die Mühe oder die Bürde einer erneuten Infragestellung zu ersparen, ist der Antisemit Gegenstand eines meisterhaften und vernichtenden Porträts: »Die Worte ›Ich hasse die Juden‹ spricht man am besten im Chor; wenn man sie ausspricht, so klammert man sich an eine Tradition und an eine Gemeinde. An die große Gemeinde der Mittelmäßigen. Man muß keineswegs demütig oder bescheiden sein, um sich zur Mittelmäßigkeit bekannt zu haben. Ganz im Gegenteil, es gibt einen herausfordernden Hochmut der Mittelmäßigkeit, und der Antisemitismus ist ein Versuch, die Mittelmäßigkeit aufzuwerten, um eine Elite der Mittelmäßigen zu schaffen.« Etwas weiter unten präzisiert Sartre: »Wenn ich den Juden als minderwertiges, schädliches Wesen behandle, so fühle ich mich im gleichen Augenblick zu einer Elite gehörig. Und zum Unterschied von den modernen Eliten, die auf Verdienst und Arbeit aufgebaut sind, erinnert diese in allen Punkten an einen Geburtsadel. Ich brauche nichts zu tun, um ihn zu verdienen, und kann nichts tun, um ihn zu verlieren. Er wurde ein für allemal verliehen. Er ist ein *Ding an sich*.«[2]

Um es anders zu sagen, der Antisemit hat laut Sartre Heimweh nach der vertikalen Ordnung. Er beklagt mit der Entzauberung der Welt das Verschwinden einer Epoche, in der die Gesellschaft offenkundig hierarchisch und die Hierarchie naturgegeben waren. Erschreckt vom Abgrund der Ungewißheit, in den die Vorstellung des Mitmenschen die Menschheit hinabstürzt, möchte er, daß alles zu Ende gespielt sei, bevor der Vorhang sich hebt, und daß wie frü-

---

[2] Jean-Paul Sartre, »Betrachtungen zur Judenfrage«, in: *Drei Essays*, Frankfurt am Main, Wien, Berlin 1989, S. 117 ff.

her das Wesen der Geburt vorangeht. Er braucht den Juden, um selbst in die Hülle eines *Erben* schlüpfen und auf diese Weise den Sorgen oder den Qualen einer rein individuellen Existenz entkommen zu können.

Daß Menschen zuallererst Menschen und erst danach Mitglieder einer Kaste oder Eigentümer eines Stammbaumes seien, besagt, daß *sie ihrer Zugehörigkeit nicht mehr zugehören*. Diese Unmöglichkeit, das Individuum auf seine Position, seinen Beruf, Gemeinschaft, Nation, Herkunft oder seine Ahnenreihe zu reduzieren, macht Freiheit aus. Der Antisemitismus beweist nun folgendes: Es gibt etwas Unerwünschtes an der Freiheit. Diese Eroberung macht Kopfzerbrechen, dieses Vorrecht ist aufnötigend und schmerzhaft. Dieses Geschenk schenkt einem nichts: Nichts ist mehr vorgegeben, jeder ist von nun an für sein Schicksal verantwortlich. Antisemit ist zunächst der, welcher versucht, sich dieser mühsamen Verpflichtung zu entziehen. »Er ist ein Mensch, der Angst hat«, sagt Sartre. »Nicht vor den Juden, vor sich selbst, vor seiner Willensfreiheit, seinen Instinkten, seiner Verantwortung, vor der Einsamkeit und vor jedweder Veränderung, vor der Welt und den Menschen, vor allem – außer vor den Juden. [...] Wenn er sich zum Antisemitismus bekennt, so nimmt er nicht einfach eine Meinung an, sondern begeht einen Akt der Selbstbestimmung. Er wählt für sein Ich die Undurchdringlichkeit des Felsens, die völlige Unverantwortlichkeit des Soldaten, der seinen Vorgesetzten gehorcht; er aber hat keinen Vorgesetzten. Er will nichts erwerben, nichts verdienen, sondern alles in der Wiege vorfinden – aber er ist nicht von Adel. Das Gute soll für ihn fix und fertig, über jeden Zweifel erhaben, unantastbar sein, er wagt nicht, zu ihm aufzublicken, aus Angst, es am Ende bestreiten und nach einem anderen Guten forschen zu müssen. Der Jude dient hier nur als Vorwand; anderswo bedient man sich des Negers oder des Gelben.«[3]

Während man gewöhnlich den Antisemitismus als eine von mehreren Ausprägungen des Rassismus versteht, leitet Sartre umgekehrt den Rassenhaß von der Judenfeindlichkeit ab. Der Jude, der Neger und der Gelbe sind, wenn man ihm glauben will, Opfer einer gleichen Revolte gegen den Fortschritt der Idee des Mitmenschen und deren unaufhaltsamen Universalisierung. Es handelt sich in allen Fällen darum, zu den gesegneten Zeiten zurückzukehren, *in denen der Ursprung Gesetzesgewalt hatte*. Aber da die mittelalterliche Theologie und die antike Kosmologie wissenschaftlich disqualifiziert worden sind, übernimmt nun die Wissenschaft vermittels der Biologie das Ruder und sichert ihrerseits die Befriedigung des Verlangens nach Vorrang und Unverletzlichkeit. Da es nun einmal keine *höhere* Welt oder übernatürliche Ordnung mehr gibt, an die man die Ungleichheit zwischen den Menschen festmachen könnte, wendet man sich dem *Früheren* und den erblichen physischen Merkmalen der verschiedenen menschlichen Gruppen zu. Das Diesseits des Bewußtseins und der Person ersetzt das metaphysische Jenseits, und weil der Allerhöchste unbekannt verzogen ist, hat der genetische Determinismus zurückzukehren, um die ungleiche Verteilung des Fleisches und des Geistes oder der Materie und des Ideals unter den Rassen zu gewährleisten.

---

[3] Jean-Paul Sartre, *Drei Essays*, S. 134 f.

»Weicher Humanismus«: eine redundante Formulierung, sagte noch unlängst Michel Foucault. »Humanismus«, behauptete er, »impliziert in jedem Fall Weichheit.« Und um die Gründe zu erklären, die ihn dazu gebracht haben, das für den gesunden Menschenverstand so provozierende, einzigartige und geheimnisvolle Thema vom Tod des Menschen einzuführen, fügte er hinzu: »Sie können sich gar nicht vorstellen, mit welch einer moralisierenden Flut von humanistischen Predigten wir nach Kriegsende überspült wurden. Jeder war Humanist. Camus, Sartre und Garaudy waren Humanisten. Stalin war auch Humanist.«[4]

Verletzend ist dieser Angriff und auch ungerecht. Und das Irreführende an ihm ist nicht nur die Amalgamierung oder die mörderische Zusammenstellung eines Satrapen, eines Dummkopfs und zweier Schriftsteller, sondern vor allem die Betrachtung der Nachkriegszeit als eine belehrende und moralisierende Periode, während sie doch in erster Linie eine traumatisierte Epoche war. Foucaults Ironie scheint zu vergessen, welchem Krieg diese Nachkriegszeit folgt. Die seinerzeit vorherrschende Stimmung neigte nicht zur Moralpredigt, sondern zum Entsetzen. Nicht das Wohlgefallen an den großen menschlichen Errungenschaften oder an den Wunderwerken der Technik drängten das Denken zum Humanismus, sondern vielmehr die Verwirrung und das Entsetzen angesichts der Versuchung des Unmenschlichen. Es geht nicht im geringsten darum, das Lob des *homo sapiens*, des *homo faber*, des *homo loquax* oder des rationalen Tieres zu singen; es geht auch nicht darum, den unterschiedlichen Varianten des asketischen Ideals die Vortrefflichkeit unseres Seins oder die Unschuld

---

[4] Michel Foucault, *Dits et Écrits*, vol. IV, Gallimard 1994, S. 686.

unseres Wesens entgegenzustellen. Der Humanismus, der vom Krieg gequält ist, fragt sich nicht, wie man den von der religiösen Moral zu lange herabgewürdigten und verleumdeten Menschen mit sich selbst aussöhnen kann. Man könnte zum Beispiel die von ihm gestellte Frage ganz anders formulieren: Woher kommt beim Menschen der Wunsch, sich seiner Menschlichkeit zu entledigen? Was gibt es also in der Menschlichkeit des Menschen an derart Unerträglichem und zugleich so Zerbrechlichem?

Erhellend ist in dieser Hinsicht der von Sartre am 29. Oktober 1945 in einem überfüllten und überheizten Pariser Saal gehaltene Vortrag mit dem Titel *Der Existentialismus ist ein Humanismus*. Darum bemüht, gleichzeitig der durch sein Werk bereits aufgekommenen Kritik zu entgegnen und alle von ihm hervorgerufenen Mißverständnisse zu beseitigen, gibt sich Sartre didaktisch. Er geht also von der nüchternsten und alltäglichsten Wirklichkeit aus. »Betrachten wir einen Artefakt, zum Beispiel ein Buch oder ein Papiermesser, so ist dieser Gegenstand von einem Handwerker angefertigt worden, der sich von einem Begriff hat anregen lassen; er hat sich auf den Begriff Papiermesser bezogen und zugleich auf eine vorher bestehende Technik der Erzeugung, welche zu dem Begriff gehört und im Grunde ein Rezept ist. Somit ist das Papiermesser zugleich ein Gegenstand, der auf eine bestimmte Art hergestellt wird und andererseits eine bestimmte Verwendung hat; und man kann sich nicht einen Menschen vorstellen, der ein Papiermesser anfertigte, ohne zu wissen, wozu der Gegenstand dienen soll. Wir werden also sagen, daß in bezug auf das Papiermesser die Essenz – das heißt die Summe der Rezepte und der Eigenschaften, die erlauben, es anzufertigen und es zu bestimmen – der Existenz vorangeht.«[5] Und der Unterschied zwischen dem Menschen und dem Brieföffner, fährt Sartre fort, liege nun darin, daß es keinen Begriff vom Menschen gebe, von dem ein jedes Individuum eine Ausfertigung sei. Der Mensch werde nicht gemacht, sondern geboren. Er sei nicht die Umsetzung einer vorausliegenden Vorstellung, sondern das ganz gewöhnliche Wunder eines reinen Anfangs. Kurzum, der Mensch ist das Wesen, bei dem die Existenz der Essenz vorausgeht: »Was bedeutet hier, daß die Existenz der Essenz vorausgeht? Es bedeutet, daß der Mensch zuerst existiert, sich begegnet, in der Welt auftaucht und sich danach definiert. Wenn der Mensch, so wie ihn der Existentialist begreift, nicht definierbar ist, so darum, weil er anfangs überhaupt nichts ist. Er wird erst in der weiteren Folge sein, und er wird so sein, wie er sich geschaffen haben wird. Also gibt es keine menschliche Natur, da es keinen Gott gibt, um sie zu entwerfen.«[6]

Existentialismus: Das Wort ist zwar neu, nicht aber die Definition, die er sich selbst gibt. Indem er sich Gott ausschließlich mit den Merkmalen eines allmächtigen Schöpfers vorstellt, entreißt Sartre den Menschen dem göttlichen Einfluß. In der den Humanismus begründenden Abhandlung – das berühmte von Pico della Mirandola 1486 verfaßte *De dignitate hominis* – setzt nun Gott selbst die universale Richtschnur für den Menschen außer Kraft. Pico della Mirandola erklärt freilich mit dem Mythos, der seine Abhandlung eröffnet, daß der Mensch die Folge eines sorglosen und zerstreuten Demiurgen sei. Nachdem er die Welt

---

[5] Jean-Paul Sartre, »Ist der Existentialismus ein Humanismus?« in: *Drei Essays*, S. 9 f.
[6] Jean-Paul Sartre, *Drei Essays*, S. 11.

gemäß den Wegen seiner unergründlichen Weisheit geschaffen hatte, wollte der höchste Bauherr mit diesem wunderbaren Werk nicht alleine bleiben. Er brauchte einen Bewunderer. Er benötigte unbedingt ein Wesen, das in der Lage war, die Vernunft seines Werkes zu erkennen und es wegen seiner Schönheit zu lieben. Er überlegte sich also, den Menschen herzustellen. Aber das Universum war bereits voll, und es waren keine Archetypen mehr vorrätig. Alle Rezepte waren bereits verbraucht. Dem vollkommenen Schöpfer fehlte es an Ideen und Modellen. Da ihm Aufgeben nicht lag, »beschloß« Gott »letztlich, dem Wesen, dem Er nichts eigenes mehr geben konnte, alles zukommen zu lassen, welches die Besonderheit jedes Geschöpfes ausmachte. Er nahm also dieses unbestimmte Werk, den Menschen, und nachdem Er ihn mitten in die Welt gestellt hatte, sprach Er zu ihm: ›Wir haben dir keinen bestimmten Wohnsitz, noch ein eigenes Gesicht, noch irgendeine besondere Gabe verliehen, o Adam, damit du jeden beliebigen Wohnsitz, jedes beliebige Gesicht und alle Gaben, die du dir sicher wünschst, auch nach deinem Willen und nach deiner eigenen Meinung haben und besitzen mögest. Den übrigen Wesen ist ihre Natur durch die von uns vorgeschriebenen Gesetze bestimmt und wird dadurch in Schranken gehalten. Du bist durch keinerlei unüberwindliche Schranken gehalten. Du bist durch keinerlei unüberwindliche Schranken gehemmt, sondern du sollst nach deinem eigenen freien Willen, in dessen Hand ich dein Geschick gelegt habe, sogar jene Natur dir selbst vorherbestimmen. [...] Wir haben dich weder als einen Sterblichen noch als einen Unsterblichen geschaffen, damit du als dein eigener, vollkommen frei und ehrenhalber schaltender Bildhauer und Dichter dir selbst die Form bestimmst, in der du zu leben wünschst. Es steht dir frei, in die Unterwelt des Viehes zu entarten. Es steht dir ebenso frei, in die höhere Welt des Göttlichen dich durch den Entschluß deines eigenen Geistes zu erheben.«"[7]

Der Satz »Der Existentialismus ist ein Humanismus« hat demnach nichts Paradoxes. Weil er den Begriff des Menschen nicht enthüllt, sondern den Menschen gerade jeder begrifflichen Aneignung entzieht, ist der ursprüngliche Humanismus selbst ein Existentialismus. Was Sartre von Pico della Mirandola unterscheidet, ist nicht so sehr der Gedankeninhalt als eher die seelische Befindlichkeit. Die Abhandlung über die Würde des Menschen ist Trägerin einer guten Nachricht: »Alles ist möglich« offenbart Pico della Mirandola demjenigen, den die Tradition auf eine vorherbestimmte Existenz – zwischen Engel und Tier – hatte einschränken wollen. Jedes Wesen, sagt er, ist durch seine Natur das, was es ist, nur der Mensch nicht. Der Mensch ist eine Ausnahme im Sein; es gibt für seine Handlungen keine unüberschreitbare Grenze. Anstatt sein Leben völlig vorgefertigt von der Ordnung der Dinge zu erhalten, hat er die Macht, sich selbst eine Form zu geben; dies macht seine Größe und Würde aus.

Mit Sartre ändert sich die Atmosphäre radikal: Sein Vortrag verspricht nichts Neues, macht aber die nicht wählbare Verfassung offenkundig. Der Mensch, sagt er, ist zur Freiheit verurteilt. Und das macht nicht jeden Tag Spaß! Der Beweis: Er träumt davon, von diesem Privileg befreit zu werden, versucht mit allen Mitteln, sich der unbequemen

---

[7] Giovanni Pico della Mirandola, *Über die Würde des Menschen*, Leipzig 1940, S. 50.

Gegenwart zu entledigen, die ihm der leichtsinnige Gott Pico della Mirandolas bereitet hat.

Das Sein und das Nichts schildert ausführlich die Modalitäten und Listen dieses Traumes mit einer ebenso sorgfältigen wie unermüdlichen Virtuosität. Pascal erinnerte die Sterblichen mit ihrer zweckdienlichen, jedoch auf Schein beruhenden Hierarchie, an die Ordnung einer gleichermaßen verdorbenen Natur und die eines letzten, notwendigerweise blutigen Aktes, »wie schön auch immer die Komödie im übrigen sei«. Sartre hingegen stellt die Tragfähigkeit dieser Natur selbst noch in Frage und wendet seinen ganzen Scharfsinn auf, die *Komödie des Seins* zu beschreiben. Was spielt also dieser Kellner, der »mit einem etwas zu lebhaften Schritt auf die Gäste« zukommt, wenn er »sich mit etwas zuviel Beflissenheit« verbeugt und ein Interesse ausdrückt, »das etwas zuviel Aufmerksamkeit für die Bestellung des Gastes enthält«? Ganz einfach: »er spielt Kellner *sein*.« Und: »Das ist für ihn ebenso notwendig wie für jeden Kaufmann: ihre Stellung ist ganz Zeremonie, die Kundschaft verlangt von ihnen, daß sie sie wie eine Zeremonie realisieren, es gibt den Tanz des Lebensmittelhändlers, des Schneiders, des Auktionators, durch den sie sich bemühen, ihre Kundschaft davon zu überzeugen, daß sie weiter nichts sind als ein Lebensmittelhändler, ein Auktionator, ein Schneider.«[8]

Und die Liste ist nicht zu Ende: Jede soziale Funktion ist auch eine soziale Fiktion. Jeder Darsteller beteiligt sich an der Unaufrichtigkeit. Man kann schwerlich Doktor oder Professor sein, Außenseiter oder comme il faut, berühmter

---

[8] Jean-Paul Sartre, *Das Sein und das Nichts. Versuch einer phänomenologischen Ontologie*, Hrsg. Traugott König. Reinbek 1991, S. 139 f.

Rechtsanwalt oder Schriftsteller, hitzig oder blasiert, ohne sein eigenes Sein geradezu zu *tanzen*. »Wer sagt ›Ich bin nicht umgänglich‹, geht ein freies Engagement zur Wut ein und bietet zugleich eine freie Interpretation gewisser zweideutiger Details seiner Vergangenheit.«[9] Das Reich der Repräsentation ist unbegrenzt: Der *homo psychologicus* seinerseits bleibt ein Komödiant. Nicht ein einziges wahrhaftes Gesicht versteckt sich hinter den Masken und Verkleidungen, mit denen jeder sich ausstaffiert. Man betreibt keinen Akt des Scharfblicks, wenn man die Niederungen durchforscht, die sich verringernden Geheimnisse umstellt oder die armseligen Beweggründe an der Wurzel aller guten Taten entdeckt. Man glaubt, einen Menschen zu kennen, wenn man ihn herabsetzt. Tatsächlich ist diese Desillusionierung selbst irreführend, denn hinter der scheinhaften Beständigkeit der Natur sieht sie nicht die Spielchen und Intrigen der Freiheit. »Mensch sein heißt einen Menschen spielen«[10], sagt Gombrowicz mit Sartre. Auch die am wenigsten ausgeborgten Verhaltensweisen sind noch von der Verstellung befallen. Die Leute, die man für natürlich hält, nehmen diese Pose ein, um auf jene Eigenschaft ein Anrecht zu haben. Sowie die Existenz in die Essenz übergeht, lügt sie. Sowie der Mensch ist, verstellt er sich. Was nicht nur bedeutet, daß das Leben ein Theater ist, selbst wenn »überall Rollen auf Träger warten«[11], sondern auch, daß der Mensch als Bewußtsein des Seins niemals das sein kann, was er ist.

---

[9] Jean-Paul Sartre, *Das Sein und das Nichts*, S. 947.
[10] Witold Gombrowicz, *Die Tagebücher*, Band 2, Pfullingen 1970, S. 8.
[11] Jean-Paul Sartre, Vorwort zu André Gorz, *Der Verräter*, Frankfurt am Main 1988, S. 20.

Daher die Sehnsucht nach der Übereinstimmung, das Streben nach der Fülle, die fortwährende Versuchung, den Riß zu schließen, und der endgültige Abschied, den manche Menschen jenseits der von der menschlichen Komödie aufgenötigten Verstellungen ihrer Menschlichkeit geben. Die phänomenologische Beschreibung nährt auf diese Weise das moralische Urteil und veranlaßt Sartre in seinem Vortrag über den Existentialismus, höchst ungewöhnliche Kategorien im geordneten philosophischen Diskurs zu verwenden: »Die einen, die mit dem Geist des Ernstes oder mit deterministischen Entschuldigungen ihre totale Freiheit verdecken wollen, werde ich Feiglinge nennen; die andern, die zu zeigen versuchen wollen, daß ihre Existenz notwendig war, da sie doch nur die Zufälligkeit selber des menschlichen Erscheinens auf Erden ist, werde ich Schmutzfinken nennen.«[12]

Und wenn wir jetzt zum Antisemiten zurückkehren, dessen Porträt Sartre im selben Jahr zeichnet, stellen wir fest, daß sich bei ihm die Eigenschaften anhäufen, daß er, wenn man so sagen darf, zwei Fliegen mit einer Klappe schlägt: Zugleich Feigling und Schmutzfink überträgt der Mensch mit der Rassenidee die Dichte der Natur auf seine substanzlose Menschlichkeit und redet sich ein, daß sein Platz in der Welt von jeher festgelegt war, daß dieser ihn gleichsam erwartet und er aus Gründen der Tradition das Recht hat, ihn einzunehmen.[13] In ihm ist weder Kontingentes noch Absichtliches: Er ruht sich in den Armen des Seins aus.

---

[12] Jean-Paul Sartre »Ist der Existentialismus ein Humanismus?« in: *Drei Essays*, S. 32.
[13] Vgl. Jean-Paul Sartre, »Betrachtungen zur Judenfrage«, in: *Drei Essays*, S. 179.

Emmanuel Lévinas, ein weniger spektakulärer Philosoph als Sartre – er steht schließlich nicht auf der Liste von Michel Foucault –, aber in noch höherem Maße als Sartre betroffen von diesem Jahrhundert, bemüht sich im selben Zeitraum darum, die Menschlichkeit des Menschen vom Moment ihres Verschwindens an zu denken. »Was ist das Menschliche?«, so lautet die unermüdliche Fragestellung eines Lebens und Werkes, das vollkommen von der »Vorahnung und der Erinnerung des nazistischen Grauens«[14] beherrscht ist.

Die von ihm vorgeschlagene Antwort benutzt die Form einer Erzählung. Indem er das platonische Verbot übertritt, keine Verwicklungen [intrigues] zu erzählen, um Philosophie zu treiben, entdeckt Lévinas seinerseits eine Verwicklung am Ursprung des Menschlichen. »Verwicklung« ist übrigens eines der Zauberwörter dieses einzig über Moral sprechenden, doch niemals moralisierenden Denkens. Für Lévinas ist die Ethik weder ein höchstes Gut, noch ein dem Bewußtsein unmittelbar Gegebenes, noch das von Gott den Menschen auferlegte Gesetz, noch die Offenbarung seiner eigenen Autonomie in jedem Menschen: Zuallererst ist die Ethik ein Ereignis. Dem Ich muß notwendigerweise etwas widerfahren, damit es aufhört, eine »schweifende Kraft« zu sein, und beginnt, zum Gewissen erweckt zu werden. Dieser Bühneneffekt entsteht aus der Begegnung mit dem anderen Menschen oder genauer aus der Offenbarung des Antlitzes.

Begegnung, nicht Wissen; Offenbarung, nicht Entschleierung. Es gibt gewiß viele Dinge in einem menschlichen Gesicht zu lesen. Dieses Stück Haut ist ein Mienen-

---

[14] Emmanuel Lévinas, *Difficile Liberté*, S. 374.

spiel voller Auskünfte, denn es erteilt davon immer mehr, als seinem Besitzer recht ist. Mit etwas Übung kann man eine vollständige Biographie aus der Beobachtung des Gesichts gewinnen. Aber das Antlitz hat auch die seltsame Fähigkeit, seine eigenen Bekenntnisse zu widerrufen und die Anhaltspunkte aus ihm zu entfernen, die sich dem Wissen des Psychologen, Soziologen, Romanschriftstellers oder Sherlock Holmes darbieten.

Genau mit dieser Fähigkeit ist Emilio Lussu während seiner Erkundungsmission in Widerstreit geraten. Er war aufgebrochen, um mehr zu wissen, und was fand er schließlich vor? »Ein Mensch, ein Mensch, ein Mensch!« Dieser dreifache Ausruf besiegelt den Untergang von Sherlock Holmes. Die Indizien haben sich ausgelöscht, anstatt sich anzusammeln. Die Interpretation wurde abgewiesen, das Denken hat seine Beute verloren. Von der Person in ihrem Kontext bleibt ganz zum Schluß nichts als eine reine Abstraktion.

In dieser Abstraktion liegt nichts Gefühlloses, nichts Theoretisches, Intellektuelles oder Zerebrales. Das Antlitz, das sich von seinem eigenen Bild abstrahiert, ist ein entblößtes, das heißt entwaffnetes, verletzbares Antlitz ohne Verteidigung. Es läßt sich weder auf seine Erscheinung reduzieren, noch auf seine Wahrheit, die von jener verborgen wird. Es entweicht sogar der Uniform, die seine Identifizierung ermöglicht. Seiner empirischen Eigenschaften beraubt, entwurzelt und heimatlos, hat es nichts außer seiner Unsicherheit anzubieten. »Antlitz gleichbedeutend mit Sterblichkeit«, sagt Lévinas, »Preisgabe des Opfers jenseits der Sichtbarkeit des Phänomens.«[15]

---

[15] Emmanuel Lévinas, *Altérité et Transcendance*, Fata Morgana 1995, S. 134.

Preisgabe und Appell: In der Traurigkeit des Antlitzes liegt eine unvergleichliche Kraft zur Aufforderung. Indem es seine in ihm enthaltenen *Hinweise* überschreitet, zeigt es sich im *Imperativ*. Als Vereinzeltes und Gefährdetes bekennt es nichts mehr, sondern befiehlt: Es ist kein sich darbietendes Schauspiel mehr, nicht einmal mehr ein Rätsel, das nach seiner Auflösung verlangt, sondern eine Stimme zarter Stille, die das Töten verbietet. »Der moralische Blick ermißt im Gesicht das nicht zu durchschreitende Unendliche, in das die mörderische Absicht sich wagt und in dem sie scheitert«[16], schreibt Lévinas. Und Lussu: »Ein Mensch! Ich sah deutlich seine Augen und jeden Zug seines Gesichts. Der Morgen wurde heller und hinter den Berggipfeln kündigte sich die aufgehende Sonne an...« Weil er das Antlitz anschaut, schaut es ihn an, betrifft es ihn und wird zu seiner Angelegenheit. Der Mensch dort unten ist kein Gegenstand in seiner Schußweite mehr, sondern bereits – und zwar ohne Vorwarnung – der Nächste. Er überwacht ihn nicht mehr, sondern paßt auf ihn auf, sogar ohne dafür die bewußte Entscheidung getroffen zu haben. Dieses Abenteuer ist insgesamt die Geschichte des überwältigten Überwältigers: Lussu sieht sich aufgerufen, einberufen, vorgeladen gerade durch denjenigen, den er beobachtete und der seiner Gnade ausgeliefert war. *Friedlich führte er Krieg*, und *plötzlich* – »In-Ohnmacht-Fallen des Seins, das In-Humanität-Fallen ist«[17] – hat ihn die Unruhe des Friedens ergriffen und den Bann gebrochen.

---

[16] Emmanuel Lévinas, *Schwierige Freiheit. Versuch über das Judentum*, S. 20.
[17] Emmanuel Lévinas, *Humanismus des anderen Menschen*, Hamburg 1989, S. 6.

Der Soldat Lussu hat demnach keinen Einfluß auf den Umschlag, der ihn trifft. Das Interesse, das er dem österreichischen Offizier entgegenbringt, rührt nicht aus einer guten Absicht her. Im Gegenteil, sein gutes Gewissen wird überrumpelt von einem verwirrenden Ultimatum, von einem Aufruf aus einem Anderswo, das nicht in seiner Gewalt ist.

Wo Rousseau von der natürlichen Sanftmut des Menschen sprechen würde und Tocqueville von einem durch die Gleichheit der Lebensumstände bedingten Sanfterwerden, beschreibt Lévinas ein verstörendes und schmerzhaftes Ereignis. Woher kommen diese Verschlimmerung und diese Verdüsterung der Verwicklung [intrigue]? »Die dramatischen Ereignisse des 20. Jahrhunderts und der Nationalsozialismus, die die liberale Welt zum Einsturz brachten, auf der die jüdische Existenz schlecht und recht beruhte oder sich ausruhte, haben dem Antisemitismus sein apokalyptisches Geheimnis entrissen und haben das extreme, fordernde und gefährliche Schicksal des Menschlichen durchschaubar gemacht, das er im Gegensinn anzeigt«[18], antwortet Lévinas.

Den Seinsskrupel zu beseitigen, das Leben von allem fremden Eindringen zu befreien, es ohne Hindernisse auszubreiten, ihm seine natürliche Grausamkeit, seine wilde Lebenskraft, seine Spontaneität und Pracht wiederzugeben, *die Antlitze zum Schweigen zu bringen*, indem man sie auf Muster oder Exemplare einer Gattung reduziert; die Nähe des anderen Menschen als Sozialität durch die der Brüderlichkeit der Rasse zu ersetzen: Dieses gewaltige Programm der Nazis offenbart sogar in der Entscheidung, die

---

[18] Emmanuel Lévinas, *L'Au delà du verset*, Éd. de Minuit 1982, S. 223.

Anderen zu beseitigen, seine Macht, die Ruhe des Seins auf das heftigste zu erschüttern.

Wenn sich die Katastrophe des Menschlichen in jener Epoche zugetragen hat, in der die Menschen sich untereinander bereits durch die Sinne wiedererkennen, so liegt dies nach Lévinas daran, daß dieses Erkennen nicht in einem Ausströmen, sondern in einem Einbruch besteht. Es geht nicht aus dem Ich hervor, sondern durchkreuzt dessen Pläne, stört seine Handlungsweisen und drückt es brutal mit einer beschwerlichen Last nieder. Eine derartige Traumatisierung des Fühlens erweckt indirekt das rührselige Heimweh nach der verlorenen Vollständigkeit und Idylle. »In einem bestimmten Sinn ist nichts störender als der Nächste. Dieser Begehrte, ist er nicht der Nichtbegehrenswerte schlechthin?«[19] Hier sehen wir nun, was dieser totale Krieg, der schließlich seinen Frieden in der hitlerschen Apokalypse fand, uns auf umgekehrtem Wege über den ursprünglichen ethischen Akt und über das Abenteuer von Emilio Lussu lehrt.

Es stimmt, wie das Urteil von Foucault belegt, daß der Humanismus in der Periode, die der Nachkriegszeit gefolgt ist, unter den Angriffen des Strukturalismus urplötzlich veraltete. »Eine Bewegung, die in bezug auf ihre verschiedenen Motivationen zwar komplex ist, in bezug auf ihre polemische Ausrichtung jedoch sehr solidarisch«[20], nach

---

[19] Emmanuel Lévinas, *Jenseits des Seins oder anders als Sein geschieht*, Freiburg, München 1992, S. 197.
[20] Paul Ricœur, *Réflexion faite. Autobiographie intellectuelle*, Esprit 1995, S. 33.

Einschätzung von Paul Ricœur. Der Strukturalismus hat sich dafür eingesetzt, das denkende, sprechende und handelnde Subjekt aller seiner Vorrechte zu enteignen: Die geheimsten Gemütsbewegungen und die am wenigsten vorhersehbaren seelischen Zustände sind auf unerbittliche Vorrichtungen bezogen worden. Man hat aufgezeigt, daß die gelebte Erfahrung aus unbewußten Prozessen oder neutralen und anonymen Systemen hervorgeht. Die geistigen Werke selbst sind der Absicht oder dem Genie ihres Schöpfers entzogen und als Spiel, das nach bestimmten Regeln gespielt wird, analysiert worden. Sehr wohl unabhängig vom Autor erkennbar, sagte zum Beispiel Roland Barthes, gehen »diese Regeln aus einer tausendjährigen Erzähllogik hervor, aus einer symbolischen Form, durch die wir bereits vor unserer Geburt sogar konstituiert werden, das heißt, mit einem Wort, aus diesem gewaltigen kulturellen Raum, für den unsere Person [...] nichts als ein Übergang ist.«[21]

Diese Umwandlung ist tatsächlich aufsehenerregend. Aber warum diese Erbitterung gegen das Subjekt? Warum dieser Jubel, es zu entthronen? Welchem Zweck dient diese Suche nach bis in die Intimität des Ich hinein tätigen unpersönlichen Strukturen, wenn nicht dem, das Ich von sich selbst zu ernüchtern, es zur Bescheidenheit zu ermahnen – schließlich ist es nichts als ein Übergang – und ihm beizubringen, daß andere Iche möglich sind, die von einer anderen Geschichte abstammen und anderen Grundsätzen gehorchen?

Weil sich das Gefühl des Grauens vor dem Rassismus der Nazis bis in die Abweisung des Kolonialismus hinein

---

[21] Roland Barthes, *Le Bruissement de la langue. Essais Critiques IV*, Éd. du Seuil 1984, S. 35.

verlängert – »der besonders humanistische und christliche Bourgeois des 20. Jahrhunderts trägt in sich einen Adolf Hitler, den er sich nicht eingestehen will«[22], schreibt Aimé Césaire 1950 –, nimmt der Sartresche Schmutzfink die Gestalt des *dünkelhaften Europäers* an. Diese Dünkelhaftigkeit ist die gemeinsame Zielscheibe aller unter dem strukturalistischen Label vereinigten Denkformen. Die harte theoretische Arbeit, die sich in dieser Zeit vollzieht, ist auch ein harter Kampf gegen die Selbstgefälligkeit. Vom Humanismus der Nachkriegszeit bis zum postkolonialistischen Antihumanismus hat sich demnach das philosophische Paradigma vollständig verändert, aber der moralische Impuls bleibt derselbe: Es geht immer darum, dem Sein in seiner Abgesichertheit eine heilsame Erschütterung beizubringen und den Menschen zu beunruhigen, um ihn besser humanisieren zu können. Und weil diese Beunruhigung und dieser Impuls dem Kommunismus innezuwohnen schienen, hat Stalin sich mit dem Titel des Humanisten schmücken können, wie dies Michel Foucault sarkastisch, aber ohne in die Tiefe zu gehen, bemerkt.

Im Namen der Menschlichkeit haben die UdSSR und die großen westlichen Demokratien Seite an Seite das Hitlertum bekämpft und besiegt, das versucht hatte, die Idee des Mitmenschen von der Erde zu tilgen und sie durch eine unerbittliche naturgegebene Hierarchie zu ersetzen. Aber für den aus dem Krieg hervorgegangenen entsetzten Humanisten und für die Humanismuskritik, welche die Bewegung der Entkolonialisierung begleitet, besteht die *philosophische* Überlegenheit des Landes der Revolution

---

[22] Aimé Césaire, *Discours sur le colonialisme*, Présence africaine 1989, S. 12.

gegenüber den Demokratien darin, daß es der Idee der Natur keinerlei Zugeständnisse macht, es die halben Maßnahmen ablehnt und seine Forderungen nicht durch pietätvolle Erklärungen zufriedengestellt werden können.

Für Marx gibt es Natur letztlich weder im Menschen noch in der Natur selbst. Das Böse oder das Leiden sind keine Bestandteile der Condition humaine. Die Dinge sind keine Dinge. Das Böse, das Leiden und die Dinge sind *soziale Tatsachen*. Nirgendwo können die Menschen sich von der Menschlichkeit ausruhen. Der scheinbar unveränderte Bereich des Nichtmenschlichen gehört immer noch zu dem des Menschlichen, der sich nicht in die Karten schauen läßt. Es gibt keine noch so bukolische Landschaft, die nicht wieder in ihren historischen und sozialen Kontext gestellt werden müßte, um verstanden zu werden. »Der Kirschbaum ist, wie fast alle Obstbäume, bekanntlich erst vor wenigen Jahrhunderten durch den *Handel* in unsre Zone verpflanzt worden und wurde deshalb erst *durch* diese Aktion einer bestimmten Gesellschaft in einer bestimmten Zeit der ›sinnlichen Gewißheit‹ Feuerbachs gegeben«[23], schreibt Marx in einem berühmten Abschnitt von *Die deutsche Ideologie*. Unterm Strand liegt das Pflaster, unter der Erscheinung des Gegebenen liegt die Wirklichkeit des Konfliktbeladenen und Hergestellten. Und alles geschichtlich Hergestellte, fügen die Marxisten hinzu, muß politisch überschritten oder zerstört werden, damit der Weg für das Anbrechen der Gleichheit unter den Menschen geebnet wird.

Demnach besteht die Kraft des Marxismus am Ende des Krieges in seiner Radikalität und seinem Perfektionismus.

---

[23] Karl Marx und Friedrich Engels, *Die deutsche Ideologie*, Frankfurt am Main 1971, S. 41.

Die schönen liberalen Reden schläfern seinen Scharfblick ebensowenig ein wie sie seine Willenskraft entwaffnen. Angesichts der fühlbar gewordenen Gefahr der Naturalisierung der kollektiven Identitäten und ihrer Erhebung zum Absoluten genügt es ihm nicht, daß das Universale erfaßt und eingefordert wird. Solange der Mensch seinen Sitz im Ideenhimmel hat und die Hierarchie auf der Erde die Oberhand, solange sich eine nominelle oder formelle Gleichheit der realen Ungleichheit der Bedingungen überstülpt, ist der Mensch eine Verstellung, und zwar eine furchterregende Verstellung, denn ihre Rolle besteht darin, die Verhältnisse der Unterordnung fortbestehen zu lassen und dabei *urbi et orbi* zu verkünden, daß dem ein Ende gesetzt wurde. Unser Humanismus? »Da steht er also ganz nackt da, kein schöner Anblick. Er war nur eine verlogene Ideologie, die ausgeklügelte Rechtfertigung der Plünderung. Seine Rührung und seine Preziosität verbürgten unsere Aggressionen. [...] Man stieß bei der Menschengattung auf eine abstrakte Forderung nach Universalität, die dazu diente, realistischere Praktiken zu kaschieren«[24], sagt Sartre in seinem berühmten und wütenden Vorwort zu *Die Verdammten der Erde* von Frantz Fanon. Um die humanistische Kritik an der Herrenrasse daran zu hindern, daß sie die soziale Trennung zwischen Untergebenen und Vorgesetzten oder die Unterjochung der kolonisierten Völker unverändert verbirgt, muß das Abstrakte in aller Dringlichkeit konkret und die Menschheit real werden.

Diese Realisierung obliegt den Proletariern. Im Unterschied zu anderen gegenwärtigen oder vergangenen Men-

---

[24] Jean-Paul Sartre, Vorwort zu Frantz Fanon, *Die Verdammten dieser Erde*, Frankfurt am Main 1981, S. 22 f.

schen kann sich der Proletarier tatsächlich in keinem Fall mit den Bestimmungen identifizieren, die ihm durch die Epoche, den sozialen Status oder die nationale Zugehörigkeit aufgedrückt worden sind. Die Epoche ist bürgerlich, sein Vaterland eine künstliche Gemeinschaft, in der von ihm verlangt wird, seine eigenen Interessen für den Fortbestand der etablierten Ordnung zu opfern, schließlich ist seine Arbeit seit langem kein Beruf mehr, sondern eine fremde Kraft. Allen Umständen einschließlich den eigenen ausgeliefert und von allen Privilegien ausgeschlossen, hat der Proletarier im Gegenzug das ontologische Privileg, ein *rein menschlicher Mensch zu sein*. Als ein von der Welt Entfremdeter ist er zugleich vor allen Entfremdungen geschützt, bei der alle Menschen zu Fall kommen, die glauben, das zu sein, was sie sind. Wenn man mit Sartre den Schmutzfinken als den Menschen definiert, der aufgrund des ihm eigens reservierten Platzes denkt, sein Platz im Sein sei überall, dann ist der Proletarier der *Anti-Schmutzfink* par excellence. Im Unterschied zum Bourgeois oder zu seiner imperialistischen Variante, dem dünkelhaften Europäer, braucht er die Geschichte für den Schutz seiner Interessen nicht anzuhalten oder den Menschen zu einer unbeweglichen Essenz gerinnen zu lassen. Er verkörpert die Hoffnung auf eine Welt, die nicht nur von Schmutzfinken, sondern von dem Schmutzfink als menschlicher Möglichkeit überhaupt befreit ist.

So zum Beispiel der Taufname seines ersten Vaterlandes. Wie Jacques Derrida sehr treffend sagt: »Der Name UdSSR ist der einzige Name eines Staates auf der Welt, der in sich keinen Bezug auf einen Ort oder eine Nationalität enthält. Der einzige Eigenname eines Staates, der alles in allem keinen gegebenen Eigennamen im bekannten Sinn des Wortes enthält; UdSSR ist der Name eines staatlichen Individuums, eines individuellen und einzigartigen Staates, der sich seinen eigenen Eigennamen selbst gegeben hat oder sich bemühte, dies zu tun, ohne Bezug auf einen einzelnen Ort oder eine nationale Vergangenheit. Hier hat sich ein Staat bei seiner Gründung einen rein künstlichen, begrifflichen, allgemeinen, konventionellen und konstitutionellen Namen gegeben, alles in allem einen ›Gattungsnamen‹, einen kommunistischen Namen; kurzum, einen rein politischen Namen.«[25] Gegenüber den chauvinistischen Vaterländern verkörpert die UdSSR diese Apotheose: das Vaterland der Menschheit. Vaterland deswegen, weil es sich noch um einen – wenn auch sehr weiten – Raum handelt: ein Sechstel der Erdoberfläche und ein Zehntel seiner Bevölkerung, wie seine Anhänger gerne wiederholen. Aber trotzdem ist er abgegrenzt. Dennoch ein Vaterland ohne Wurzeln, eine *Nation ohne Wesen*, ein Gebiet, dessen Einwohner keine Einheimischen sind, denn in diesem Bollwerk der neuen Ära hat die Institution die Herkunft besiegt, der menschliche Geist hat den Geist der Ortszugehörigkeit überwunden. Dieser Sieg macht die Spaltung der Menschheit in Landsleute und Fremde ungültig. Nichts ist fremd, kein Antlitz wird in einer Gegend, die sich nicht mehr in geographischen, sondern in technischen Begriffen versteht, zurückgewiesen oder ausgegrenzt. Keine Ausschlüsse mehr, es gibt für alle Platz auf einer Erde, die einen Gattungsnamen trägt.

Brüderlichkeit des Gattungsnamens durch Opposition gegen die Vererbung des Eigennamens: Hierin liegt 1945 der *humanistische Charme* Stalins. Wenn sich der Anti-

---

[25] Jacques Derrida, *Moscou aller-retour*, Éd. de l'Aube 1995, S. 17f.

faschismus, wie François Furet gezeigt hat, unter diesen Umständen auf ganz natürliche Weise für die kommunistische Idee und ihren höchsten Repräsentanten engagiert, geschieht dies nicht nur wegen der schrecklichen Schlacht von Stalingrad. Das Ende einer durch das Zuhause eingeschränkten Existenz und die Weigerung, sich mit den örtlichen oder geschichtlichen Bestimmungen einzurichten, welche die Menschen einsperren und die Menschheit zersplittern, lassen sich geradezu vom Namen ablesen.

Der Charme Stalins sollte sich bald abschwächen, aber der Humanismus, der sich mit dem Namen der UdSSR verbunden hatte, wird noch lange Zeit sowohl den politischen Kampf als auch die intellektuelle Arbeit beeinflussen. Dies wird gleichermaßen für das Denken im allgemeinen sowie für das Theater Brechts zutreffen. Letzteres definierte Barthes 1957 in einem Artikel mit dem Titel »Brecht, Marx und die Geschichte«: Für Brecht bedeutete »sein Theater auf der Geschichte zu gründen, dem Menschen jegliche Essenz zu verweigern, der menschlichen Natur jegliche Realität außerhalb der historischen abzusprechen und zu glauben, daß es kein ewig Böses gibt, sondern nur behebbare Übel; kurzum, es bedeutet, das menschliche Schicksal dem Menschen selbst zurückzugeben.«[26]

Der Intimfeind des Denkens wird demnach die Ideologie sein, die in der Nachfolge von Marx definiert ist als »die von der herrschenden Klasse gebildete Gesamtheit der Repräsentationen mit dem Zweck, die Legitimität und Notwendigkeit ihrer Herrschaft glaubhaft zu machen und vor sich selbst die Grundlagen dieser Herrschaft zu verber-

---

[26] Roland Barthes, *Œuvres complètes*, Bd. I, Éd. du Seuil 1993, S. 755.

gen.«[27] Mit anderen Worten, man bekämpft als Ideologie die allgegenwärtige Illusion, die einen vereinzelten Gesichtspunkt in eine universale Wahrheit verkleidet, die die entwicklungsfähige Dimension der Welt verdeckt, und die, mit einem Wort, die Geschichte gerinnen läßt, damit die Sklaven von ihrem Zustand abgelenkt sind und die Entstehung und Entwicklung der gefährlichen Idee, das Joch abschütteln zu wollen, vermieden wird. Die antihumanistische Erbitterung gegen die Anmaßungen des Subjekts wird selbst nur ein Moment dieses Unternehmens gewesen sein, das dem Menschen die Schlüssel zu seinem Schicksal zurückzugeben beabsichtigt, wie es seine Weiterentwicklung durch Michel Foucault und eine 1983 von ihm verwendete Formulierung belegen, mit der er seine Arbeit rekapituliert und sein Vorhaben zusammenfaßt: »Eine geduldige Arbeit, die der Ungeduld der Freiheit Gestalt gibt.«[28] Die genealogische Arbeit vereinigt Gewissenhaftigkeit mit Subversion, denn sie offenbart und belegt die Enge unseres emotionalen oder mentalen Universums. »Das Existierende füllt die möglichen Räume bei weitem nicht aus.«[29] Dies ist die bedeutende Lehre einer neugierigen und respektlosen Disziplin, welche die ehrwürdigsten Gewohnheiten und die heiligsten Überzeugungen entwurzelt, indem sie deren Ursprung Schicht für Schicht ausgräbt. Aus dieser Perspektive bedeutet »historisch« nicht mehr *ehrwürdig*, sondern *widerrufbar*, und der Philosoph

---

[27] Claude Lefort, *Les Formes de l'Histoire. Essais d'anthropologie politique*, Gallimard 1978, S. 254.
[28] Michel Foucault, »Was ist Aufklärung?«, in: Ethos der Moderne. Foucaults Kritik der Aufklärung (Hrsg. Eva Erdmann, Rainer Forst, Axel Honneth), Frankfurt am Main 1990, S. 53.
[29] Michel Foucault, *Dits et Écrits*, Bd. IV, S. 167.

und Archivar erlegt die von ihm zutage geförderten Codes. »Meine Rolle besteht darin«, sagt Foucault, »den Menschen zu zeigen, daß sie viel freier sind, als sie denken, daß bestimmte Themen, die sie für wahr und evident halten, zu einem besonderen Zeitpunkt der Geschichte gemacht wurden und daß diese sogenannte Evidenz kritisiert und zerstört werden kann.«[30] Die historische Forschung erlöst somit die Menschen von der Natur, um sie daraufhin besser von ihrer Geschichte befreien zu können. Diese ebenso maliziöse wie minutiöse Gelehrsamkeit entdeckt die »gewaltige und wuchernde Kritisierbarkeit der Dinge«.[31] Und sie konstatiert genüßlich nicht nur unsere Abhängigkeit im Hinblick auf eine für uns transzendente Quelle, sondern ganz im Gegenteil auch noch die »allgemeine Brüchigkeit der Böden«[32], die am festesten und vertrautesten sind. Die Analyse der uns gesetzten Grenzen, sagt Foucault noch einmal, ist gleichzeitig die Erprobung ihres möglichen Überschreitens. Dieser paradoxe Positivist will die Macht der Positivitäten zunichte machen. »In der Kontingenz, die uns zu dem gemacht hat, was wir sind, die Möglichkeit auffinden, nicht länger das zu sein, zu tun oder zu denken, was wir sind, tun oder denken.«[33] Indem er diese Aufgabe der philosophischen Kritik der Gegenwart zuweist, lehnt sich Foucault ebenso wie Sartre – wenn auch auf eine ganz andere Art und Weise als dieser –, gegen alles auf, was man »beim Menschen [...] mit der Formel angeben kann: das *ist* [...].«[34] Wenn er die humanistischen

---

30 Michel Foucault, *Dits et Écrits*, Bd. IV, S. 778.
31 Michel Foucault, *Dits et Écrits*, Bd. III, S. 163.
32 Michel Foucault, *Dits et Écrits*, Bd. III, S. 163.
33 Michel Foucault, »Was ist Aufklärung?«, S. 49.
34 Jean-Paul Sartre, *Das Sein und das Nichts*, S. 101.

Denkformen anprangert, die dem Menschen ein Modell vorschreiben, ihm eine Essenz zusprechen oder ihn mit einer Definition überfrachten, dann bekämpft er in dem, was er Humanismus nennt, denselben Gegner wie sein eigener Gegner. Wenn er schließlich sagt, daß es für den Menschen nicht darum geht, zur Entdeckung seines eigenen Wesens aufzubrechen, *sondern* sich zu erfinden, sich zu gestalten oder sich selbst zu erdichten, knüpft er diesseits von Sartre an den ersten Humanismus an, der am Ende des Mittelalters den Menschen als »Werk unbestimmter Machart« begrüßte, dem die Bürde und gefahrvolle Ehre zukommt, sein Wesen zu gestalten und durch Tugend und Kunst zu formen.

Fieberhaft wieder hervorgeholt nach einem Krieg, bei dem einer der Protagonisten es sich zum Ziel gesetzt hatte, die Menschheit in der Natur aufgehen zu lassen, bleibt der Humanismus von Pico della Mirandola jenseits von Aufhebungen und Bannsprüchen der nicht überschrittene Horizont des Denkens und der Moral der Postmoderne. Diese Moral moralisiert gerade nicht, und dieser Humanismus ist gerade *nicht* weich. Aber kann man bei dieser Moral stehenbleiben, kann man sich mit diesem Humanismus zufriedengeben, wenn man aus dem Jahrhundert seine Lehren ziehen und verstehen möchte, warum der radikalste Wille, die Menschheit von ihren Ketten zu befreien, und ebenso deren Unterwerfung unter den unerbittlichsten Determinismus, ein Universum von Konzentrationslagern hervorbringen konnte?

DRITTES KAPITEL

Der Triumph des Willens

Im Jahr 1927, etwas mehr als dreißig Jahre nach Beginn der Dreyfus-Affäre, an der er sich leidenschaftlich beteiligte und über deren Sinn er unaufhörlich nachdenken wird, veröffentlicht Julien Benda *Der Verrat der Intellektuellen*.[1] Die Geistlichen, die Kanzleischreiber und die literarisch Gebildeten sind die Intellektuellen, und ihr Verrat liegt in seinen Augen darin, die ideellen, universalen und uneigennützigen Werte, die zu ehren ihre Aufgabe sei, zugunsten der zügellosen Verherrlichung von Partikularismen im Stich gelassen zu haben. Die Hohepriester des Geistes kommen der Pflicht ihres Amtes nicht nach, wenn sie sich auf nationale Werte berufen, um das Trachten der Menschen lächerlich zu machen, »sich als *Mensch* zu fühlen – mit allen universalen, ethnische Akzidenzien transzendierenden Attributen dieser Wesenheit«.[2] Ebensowenig kommen sie ihrer Pflicht nach, wenn sie im Namen des Klassenkampfes die Arbeiter dazu auffordern, die »Gerechtigkeit an sich«, die »Humanität an sich«[3] und ähnlichen Flitterkram des Idealismus fallen zu lassen. Rasse oder Klasse,

---

[1] Der Titel des Originals lautet *La trahison des clercs*. Mit »clercs« sind Geistliche, Kanzleischreiber und literarisch Gebildete gemeint, was der deutsche Titel mit »Intellektuelle« übersetzt (A. d. Ü.).
[2] Julien Benda, *Der Verrat der Intellektuellen*, Frankfurt am Main 1988, S. 135.
[3] Julien Benda, *Der Verrat der Intellektuellen*, S. 146.

dies bleibt sich gleich, sagt nun Benda. Die Leidenschaft des reaktionären Denkens und der Revolution stellen ihren Antagonismus vergeblich zur Schau. Sie sind sich in Wirklichkeit ähnlich und verbünden sich noch, während sie sich feindlich gegenüberstehen, um die Moral und die universalen Wahrheiten der Verachtung der Menschen auszuliefern. Die eine wie die andere setzt den Kult des Ichs nur ab, um schamlos die Gruppe zu verherrlichen. Für den Autor von *Der Verrat der Intellektuellen* ist bei den Doktrinären ein gleicher sakrosankter Egoismus am Werk, wenn sie ihre Nation dazu ermutigen, sich bis zur Barbarei an sich selbst zu berauschen, und ebenso bei denen, die auf dem gegenüberliegenden Ufer dem Proletariat darlegen, daß »es sich in das Bewußtsein seiner *besonderen Interessen* versenken soll, daß es sich eine besondere Moral und ein *besonderes* Wissen erarbeiten und in seinem Herzen jegliche Vorstellung einer Wesensgemeinschaft zwischen sich und den Menschen der anderen Klasse beseitigen soll.«[4]

Durch diese Analyse ist Benda in die Nachwelt eingegangen. Von seinem gesamten Werk ist nur sein *Verrat der Intellektuellen* berühmt geblieben. Aber was für ein Ruhm! Seit 1927 vergeht kein Jahr, Halbjahr, oder auch nur eine Woche, ohne daß in einem pointierten Leitartikel eine solche klassische oder noch nicht an die Öffentlichkeit getretene Form intellektueller Abtrünnigkeit gegeißelt würde. Dennoch hat sich Benda geirrt. Er hat die Intuition einer Ähnlichkeit gehabt, aber er vermochte sie nicht zu untermauern. Sein Vergleich war richtig, aber seine Kritik beruhte auf einer Sinnwidrigkeit. Dem dialektischen Denken gegenüber verschlossen, hat er die Bewegung zwischen dem

---

[4] Julien Benda, *La Fin de l'éternel*, Gallimard 1977, S. 43.

einzelnen und dem Ganzen im Kommunismus nicht erfaßt. Der Proletarier wird nachdrücklich dazu aufgefordert, sich mit den Menschen der anderen Klasse, wie er sagt, zu entsolidarisieren, damit auf dem Kadaver der bürgerlichen Gesellschaft eine endlich solidarische Gesellschaft erbaut werde. Sein Egoismus ist sakrosankt, weil er im Gegensatz zu seinen Feinden ein Versprechen allgemeiner Emanzipation in die Geschichte hineinträgt. Und die Arbeiterpartei nennt sich ganz einfach aus dem Grund die Partei, weil sie keine *Partei*, sondern die Totalität ist: Die Idee des Arbeiters ist umfassend genug, um die menschliche Gattung umarmen zu können. Warum kann Louis Althusser in einer der Französischen Gesellschaft für Philosophie am 2. Februar 1968 vorgelegten Mitteilung Lenin dieses »volle und befreiende Gelächter« zuschreiben, »an dem die Fischer von Capri erkannten, daß er einer von ihnen war und auf ihrer Seite stand«?[5] Weil dieses Volk zur verstoßenen Menschheit gehört und dieses Lager seinen erlittenen Schaden wiedergutmacht.

Aber Benda sollte eines Besseren belehrt werden: Zwanzig Jahre später offenbarte sich ihm der kommunistische Universalismus. Als 1949 in Budapest der Prozeß gegen Rajk eröffnet wurde, den ungarischen Minister, der angeklagt war, zusammen mit dem Jugoslawien Titos ein antisowjetisches Komplott angestiftet zu haben, schrieb Benda: »Während der Dreyfus-Affäre hielten die Sympathisanten der bestehenden Ordnung die Geständnisse Esterhazys nicht für beweiskräftig. Die ungarischen Feinde der Gerechtigkeit und ihre internationalen Helfershelfer fanden eine bessere Lösung. Sie behaupten, daß die

---

[5] Louis Althusser, *Lenin und die Philosophie*, Reinbek 1974, S. 7.

Geständnisse Rajks und seiner Komplizen beweisen, daß sie die ihnen zur Last gelegten Taten nicht begangen haben.«[6]

Benda verleugnet nicht seinen ursprünglichen Dreyfusianismus, während er sich von einem gefälschten Prozeß einwickeln läßt. Nur hatte der Krieg einfach stattgefunden. Der Krieg, das heißt aus der Sicht dieses halsstarrigen Metaphysikers, der Kampf bis in den Tod zwischen den beiden in *Der Verrat der Intellektuellen* identifizierten Feinden. Aufklärung gegen Romantik; Verteidigung des Universalen gegen die Verherrlichung des Partikularen; Bejahung der Freiheit des Geistes gegen die Verwurzelung des Menschen in der Erde seines Vaterlandes, des Geistes in der Tradition, der Handlung in den Sitten und des Denkens in der Sprache: Davon abgesehen weiß Benda oder meint doch zu wissen, daß die Nazis den Bolschewismus zum absoluten Feind erhoben haben. Es kann für ihn demnach keine Frage mehr sein, die Revolution als linke Romantik oder als Arbeitervariante des reaktionären Denkens zu betrachten. Hitler hat dem Kommunismus gerade seine Dimension der Universalität zurückgegeben und ihn in die Vorhut der Aufklärung wieder eingesetzt.

Dies erklärt das Vertrauen, das der letzte der Dreyfusianer dem Prozeß und der Verurteilung Rajks entgegenbringt. Dies erklärt auch den langen Widerstand der europäischen Intelligenz gegen das Buch *Elemente und Ursprünge totaler Herrschaft,* das Hannah Arendt 1951 publiziert hat. Ein und dieselbe Idee kann nicht zwei Systeme in sich beherbergen, deren Antagonismus mit dem

---

[6] Benda, zitiert nach Louis-Albert Revah, *Julien Benda*, Plon 1991, S. 253.

Blut von Millionen Menschen besiegelt worden ist. Die einzige Sache, die man in dieser Angelegenheit *total* nennen kann, ist der Krieg, der die beiden einander gerade gegenübergestellt hatte. Sechs Jahre nach der Kapitulation des Reiches *springt* diese Evidenz *in die Augen*.

Dennoch hat sich Hannah Arendt nicht absichtlich in diese schwierige und sogar heikle Position gebracht. Vom Geist des Kalten Krieges beseelt zu sein und mit aller Kraft den neuen Feind ihres neuen Vaterlandes dämonisieren zu wollen, wie man ihr vorwarf, war sie weit entfernt. Es gab für sie, als sie mit ihrer Untersuchung begann, keinen Grund, mit dem Kommunismus abzurechnen. »*Was war geschehen? Warum war es geschehen? Wie konnte es geschehen?*«[7] Diese Fragen wurden ihr von der hitlerschen Apokalypse in die Feder diktiert, und die Idee für das Buch entstand 1943 als »der Versuch, die *Sinnlosigkeit* des Massakers an den Juden zu begreifen«.[8] Die frevelhafte Analogie drängte sich mit der Entdeckung der sowjetischen Lager 1947 schrittweise auf und ergab sich philosophisch aus einer völlig neuen Auffassung des nationalsozialistischen Grauens.

Hannah Arendt stimmt gewiß mit ihren Zeitgenossen darin überein, daß die nationalsozialistische Doktrin die menschliche Freiheit unter dem Gewicht der ethnischen Determinierungen erdrückt. Aber das naturalistische Vorurteil und die Aufteilung der menschlichen Gattung in verschiedene Menschheiten reichen ihrer Einschätzung nach nicht aus, um das Böse zu identifizieren. Die Zurückwei-

---

[7] Hannah Arendt, *Elemente und Ursprünge totaler Herrschaft*, München 1986, S. 474.
[8] François Furet, *Das Ende der Illusion*, München 1996, S. 542.

sung der universalen Moral verbindet sich im nationalsozialistischen Rassismus mit der bizarren Unerbittlichkeit eines universalen Erklärungssystems. Denn für die Nationalsozialisten führen alle Wege zum Juden. Der Jude ist nicht nur anders, sondern auch unheilvoll, unsichtbar und allmächtig. Sogar seine Zerstreuung bezeugt noch seinen Willen, die Völker zu unterjochen und sich des Universums zu bemächtigen. Als er 1920 *Die Protokolle der Weisen von Zion* entdeckt, ist Hitler diesem Dokument dafür dankbar, ihm »mit geradezu grauenerregender Sicherheit das Wesen und die Tätigkeit des Judenvolkes« offenbart zu haben, indem es seine »inneren Zusammenhänge sowie die letzten Schlußziele«[9] bloßgelegt habe. Leidenschaftlich in diesen Zeilen zum Ausdruck gebracht, charakterisiert diesen Haß indessen weniger seine Heftigkeit als sein Anspruch, über die Geschichte Rechenschaft abzulegen. Dieser Haß begnügt sich nicht damit zu hassen, er erkennt. Nicht seine Intensität ist hier bestimmend, sondern seine Fähigkeit, sich auszubreiten. Ein derartiger Antisemitismus wird nie entlarvt, denn er ersetzt die Anarchie der sichtbaren Welt durch die *durchschaubare Undurchsichtigkeit des Komplotts*. Der Nazi – zwar wahnsinnig im Sinne Chestertons – ist dennoch kein Mensch, der die Vernunft verloren hat. Er ist der Mensch, der alles außer der Vernunft verlor und der das stets beunruhigende Gegebene zugunsten einer nicht falsifizierbaren Kohärenz verwirft. Was ist, wenn sich herausstellt, daß die *Protokolle der Weisen von Zion* ein von der Polizei des Zaren zu Propagandazwecken gefälschtes

---

[9] Hitler, zitiert nach Norman Cohn, *Die Protokolle der Weisen von Zion. Der Mythos von der jüdischen Weltverschwörung*, Köln, Berlin 1969, S. 232.

Dokument sind? »Nicht umsonst«, antwortet Hitler, »schreit die Frankfurter Zeitung unaufhörlich, daß die Protokolle auf einer Fälschung beruhen: Dies ist selbst der beste Beweis für deren Echtheit.« Die Juden konspirieren. Nun ist diese Verschwörung entdeckt worden. Also müssen sie zwingend eine Fabel glaubhaft machen und ein Trugbild herbeibeschwören.

Indem dieser rechthaberische und unerbittliche Rassismus nicht die Zerstörung der Vernunft, wie Lukács diagnostizierte, sondern die Zerstörung des gesunden Menschenverstandes durch eine völlig sich selbst überlassene Logik vollbrachte, kennzeichnet er einen entscheidenden Bruch mit dem reaktionären Denken und mit der Erbschaft der Konterrevolution. In dem geschichtlichen Abschnitt von 1789 bis 1793 – das heißt von der Erklärung der Menschenrechte bis zur jakobinischen Diktatur – sieht die Konterrevolution den schlagenden Beweis, daß »der Mensch aus sich selbst und ohne die Religion keine Kette, die ihn drückt, zerbrechen kann, ohne in tiefere Sklaverei zu versinken.«[10] Die Buße, die der Mensch für diesen frevelhaften Putsch auferlegt bekommt, ist die Umkehrung der radikalen Befreiung in unbegrenzten Terror: Er wollte sich an die Stelle Gottes setzen, wollte sich nicht mehr zum Darsteller, sondern zum Verfasser seiner eigenen Geschichte machen. Der Mensch habe den Sündenfall vergessen, betonen alle Reaktionäre; dies sei der Grund, weshalb er so tief gefallen sei und warum er sich solche Schmerzen zugefügt habe.

Nun sagt der nationalsozialistische Antisemitismus

---

[10] Adam Müller zitiert nach Albert O. Hirschman, *Denken gegen die Zukunft. Die Rhetorik der Reaktion*, München, Wien 1992, S. 26.

nichts dergleichen: Er verkündet nicht die Verderbtheit der menschlichen Natur, sondern prangert ohne Unterlaß die Verschwörung der Böswilligen an. Die feierliche Infragestellung des Prometheismus weicht dem gnadenlosen Kampf gegen den Feind der Menschheit. Die Erbsünde ist nicht mehr gefragt, um den Willen des Menschen im Zaum zu halten, ihn von der Nutzlosigkeit der Veränderung zu überzeugen und zur Vernunft, also zum Gehorsam zu bringen, sondern vielmehr zeigt die entfesselte Vernunft dem Menschen, daß eine heimliche Kraft Quelle seiner Mißgeschicke oder seines Ärgers sei. Diese haltlose Logik hat die Annehmlichkeit, das zufallsbedingte Ereignis und die persönliche Verantwortlichkeit, das Zufällige und die persönliche Verfehlung in einem Aufwasch zu beseitigen. In der nationalsozialistischen Weltsicht gibt es für die Launen des Glücks und für die Rache der Götter keinen Platz. Das Unglück, das mich niederdrückt, entspringt nie dem Zufall oder meinem eigenen Versagen, sondern geht stets aus der unsichtbaren und alles umschlingenden Verschwörung hervor, deren Verderbtheit ich tagtäglich erleide. Nicht mehr in mir, sondern – schreckliche Abtretung – in ihr liegt die Sünde. Ich bin nicht fehlbar, ich bin Märtyrer. Den gegen die göttliche Gerechtigkeit erhobenen Einsprüchen antwortete Joseph de Maistre: »Niemand wird bestraft wegen seiner Gerechtigkeit, sondern stets nur wegen seines Menschseins. Es trifft daher nicht zu, daß die Tugendhaftigkeit in dieser Welt leidet: Die menschliche Natur ist es, die leidet, und stets hat sie es verdient.«[11] In der von den Nazis bewohnten Welt ohne Götter ist das

---

[11] Joseph de Maistre, *Les Soirées de Saint-Petersbourg*, Bd. 2, Guy Trédaniel, Édition de la Maisnie 1991, S. 82.

Böse nicht mehr eine »transzendente, [...] sozusagen menschheitsaußenpolitische Frage«, sondern eine »immanente, [...] menschheitsinnenpolitische Frage.«[12] Das Leiden, das als Buße gelebt wurde, wird als Angriff empfunden. Die Paranoia drängt die Neurose in den Hintergrund. Dem strengen und büßenden »schuldig und deshalb Opfer« der Konterrevolution folgt ein revolutionäres und schreckenerregendes »Opfer wegen der Juden«. »Glauben Sie nicht, daß Sie den Juden eine zu große Wichtigkeit beimessen?«, fragte Rauschning schüchtern den Reichskanzler an einem Tag, als dieser zu vertraulichen Mitteilungen aufgelegt war. »›Nein! Nein!‹, schrie er, ›der Jude ist als Feind gar nicht zu überschätzen.‹«[13] Der große Céline wird dasselbe auf seine unverwechselbare Art sagen: »Die Arier sind immer die Gehörnten.«

Man ist also meilenweit vom Ausruf Edmund Burkes entfernt: »Blutvergießen, Torturen, Martern aller Art! – Das sind also eure Menschenrechte?«[14] Die Warnung vor den Konsequenzen der Maßlosigkeit hat ihren Platz der maßlosen Vorstellung überlassen, daß in einer menschlichen Welt als Schlagabtausch von Kräften alles möglich sei. Nachdem einmal die Stärke, Subtilität und Ubiquität des Feindes festgestellt war, schloß Hitler logisch, daß er ohne weiteres Zögern zum Handeln übergehen müsse: »Mit dem

---

[12] Odo Marquard, »La philosophie de l'histoire« in: *La Pensée politique*, 1, Hautes Études/Gallimard/Le Seuil 1993, S. 215, Originalquelle entnommen aus: *Schwierigkeiten mit der Geschichtsphilosophie*, Frankfurt am Main 1982, S. 77 (A. d. Ü.).
[13] Hermann Rauschning, *Gespräche mit Hitler*, Wien 1988, S. 224.
[14] Edmund Burke, *Betrachtungen über die Französische Revolution*, Berlin 1991, S. 362.

Juden gibt es kein Paktieren, sondern nur das harte Entweder-Oder. Ich aber beschloß Politiker zu werden.«[15]

Alles oder nichts: Hitler führt dieses radikale Prinzip in die Politik ein, weil in seinem Universum kein Schlupfwinkel der Logik des Kampfes entgeht; nichts, noch nicht einmal die Natur ist noch im Besitz beruhigender Beständigkeit. »Dem Glauben der Nazis an Rassegesetze lag die Darwinsche Vorstellung vom Menschen als einem eigentlich zufälligen Resultat einer Naturentwicklung zugrunde, die nicht notwendig mit dem Menschen an ihr Ende gekommen zu sein braucht. [...] Darwins Einführung des Begriffs der Entwicklung in die Natur, seine biologischen Konstruktionen, die alle darauf hinauslaufen, daß die Bewegung der Natur, nämlich ihre Entwicklung, nicht kreisförmig, sondern gradlinig verläuft in einer eindeutig angebbaren, fortschreitenden Richtung, besagt schließlich nichts anderes, als daß der moderne Geschichtsbegriff sich auch der Naturwissenschaften bemächtigt hat und daß der Bereich der Natur von dem Bereich des Geschichtlichen überwältigt wurde.«[16]

Mit anderen Worten, Nietzsche hat richtig gesehen: Das 20. Jahrhundert war die Bühne für einen Krieg um die Beherrschung der Welt im Namen philosophischer Prinzipien. Aber im Gegensatz zu dem, was meistens behauptet wird, hat dieser Krieg der naturalistischen Konzeption der Menschheit keine historische Sicht entgegengestellt. Es stimmt, daß der Nationalsozialismus den Menschen als ein

---

[15] Hitler, *Mein Kampf*, zitiert nach Philippe Burrin, *Hitler und die Juden. Die Entscheidung für den Völkermord*, Frankfurt am Main 1993, S. 26.
[16] Hannah Arendt, *Elemente und Ursprünge totaler Herrschaft*, S. 708.

natürliches Wesen definiert und den Geist ohne viel Federlesens dem Leben unterordnet, doch das von ihm gepriesene Leben ist kein geschichtsloses Leben. Er schätzt den *Stahl* und die *Tätigkeit*, nicht den Stein und die Trägheit. Während das reaktionäre Denken das Böse in der Veränderung erblickt, rührt sich für Hitler die Natur, bewegt sich vorwärts und entwickelt sich unaufhörlich. Die Gesetze dieser Bewegung zu deuten und deren Entscheidungen auszuführen: das ist die Mission des *Führers*. Verbissen bekämpft er die Demokratie, weil diese der Evolution, das heißt dem Fortschritt der Gattung zuwiderhandelt, indem sie die Schwachen beschützt. Den Tod der Juden will er, weil er die Menschheit befreien und ihrer letzten Vollendung zuführen muß. Obwohl selbst von der Ungleichheit der menschlichen Rassen überzeugt, ist Hitler demnach sowenig der Erbe von Gobineau wie der von Joseph de Maistre, Edmund Burke oder Adam Müller.

Letztendlich war Gobineau ein melancholischer Denker. »Ihre Grundidee ist die Schicksalhaftigkeit der Leibesbeschaffenheit, die nicht mehr nur auf ein Individuum, sondern auf eine Reihe von Individuen angewendet wird, die man Rassen nennt und die immer fortbestehen werden«[17], schrieb ihm sein lieber Freund und großer Gegner Tocqueville nach Erscheinen seines *Essay über die Ungleichheit der menschlichen Rassen*. Das Jahrhundert war 53 Jahre alt, und nach Tocquevilles Einschätzung stieß dieses Buch wie gerufen auf ein vom Voluntarismus erschöpftes Europa. »Das vergangene Jahrhundert vertraute der Macht des Menschen über sich selbst und der Völker über ihr Los

---

[17] Alexis de Tocqueville, *Correspondance Tocqueville-Gobineau. Œuvres complètes*, Bd. IX, Gallimard 1960, S. 199.

in übertriebener und etwas unreifer Art und Weise. [...] Jetzt leben wir im entgegengesetzten Übermaß: Glaubten wir zuvor, alles zu vermögen, so glauben wir heutzutage, nichts zu vermögen, und neigen zur Annahme, daß der Kampf und die Anstrengung von nun an sinnlos seien und unser Blut, unsere Muskeln und unsere Nerven stets stärker sein werden als unser Wille und unsere Tugend. Diese große Krankheit kennzeichnet unser Zeitalter und ist derjenigen unserer Väter genau entgegengesetzt.«[18]

Dagegen findet man nicht das geringste Symptom dieses Leidens an Erschöpfung im hitlerschen Rassismus. Hitler war weit davon entfernt, im Namen der Beständigkeit oder des fatalen Verfalls der rassischen Merkmale die Möglichkeit einer wesentlichen Verbesserung der Menschheit zu verneinen, ja er schloß sogar die Kategorie des Unmöglichen aus. Von der Idee der Rasse leitet er nicht die Kraft des Determinismus ab, sondern die Determinierung des Feindes und die kosmische Dimension des Kampfes gegen ihn. Der Kampf um das Leben offenbart die Politik als Ort, an dem sich die Zukunft der menschlichen Gattung entscheidet. Die Enttäuschungen, die das Handeln kennt, und die Hindernisse, denen es begegnet, sind mit einem Handstreich weggefegt. Für das Machbare gibt es keine objektiven Beschränkungen, sondern nur subjektive und demnach aufhebbare Widerstände. Es gibt kein Hindernis, das nicht eine Machenschaft verbirgt, keine noch so geringe Abweichung zwischen dem geliebäugelten Zweck und dessen Ausführung, die nicht das Werk eines Saboteurs wäre. Die Nichtübereinstimmung, die den verfolgten Zielen oder

---

[18] Alexis de Tocqueville, *Correspondance Tocqueville-Gobineau. Œuvres complètes*, Bd. IX, S. 203.

den geschmiedeten Plänen widerfährt, verdankt sich nicht der Existenz der anderen Menschen, sondern der böswilligen Absicht des schlechthin Anderen. Das Widerständige kommt immer vom Widersacher. Der öffentliche Raum ist ein Schlachtfeld. Und um die Schlacht zu gewinnen, muß man sich auf den Gegner einstellen, sich genauso universell machen wie er. »Der Begriff der Nation ist leer geworden. Ich habe mit ihm aus zeitgeschichtlich bedingten Gründen noch beginnen müssen. Aber ich bin mir von vornherein darüber klar gewesen, daß dies nur vorübergehende Geltung beanspruchen konnte. Die ›Nation‹ ist ein politisches Hilfsmittel der Demokratie und des Liberalismus. Wir müssen diesen falschen Begriff wieder auflösen und ihn durch den politisch noch nicht verbrauchten der Rasse ersetzen. Nicht die historisch gewordenen Völker sind der Ordnungsbegriff der Zukunft, – und alles Herumordnen und Zurechtschneiden von Grenzen und Siedlungsgebieten ist ein müßiges Unterfangen, – sondern der von ihm überdeckte Rassebegriff. [...] ›Verstehen sie, was ich meine?‹, unterbrach er sich. ›Ich muß die Welt von ihrer historischen Vergangenheit befreien. Die Nationen sind die manifesten Formen unserer Geschichte. Also muß ich diese Nationen in eine höhere Ordnung umschmelzen, wenn ich den Wust einer absurd gewordenen geschichtlichen Vergangenheit abstreifen will. [...] Mit dem Begriff der Rasse wird der Nationalsozialismus seine Revolution bis zur Neuordnung der Welt durchführen.‹«[19]

Die an der Nation ausgerichtete Politik *beteiligte sich* an der menschlichen Geschichte. Die an der Rasse ausgerich-

---

[19] Hitler, zitiert nach Hermann Rauschning, *Gespräche mit Hitler*, S. 219.

tete Politik *macht* die Geschichte der Menschheit. Die Geschichte ist nicht mehr die Bühne für die vielfachen und verschlungenen Abenteuer, sondern ein einzigartiger Herstellungsprozeß. Die Handlung wird architektonisch gedacht: Es geht nicht mehr darum, *sich abzufinden*, sondern darum, ein Werk zu schaffen, und diese Radikalisierung des Machens impliziert einen Idealismus der Grausamkeit und einen Puritanismus des Bösen. Die nationalsozialistische Gewalt darf nicht aus Neigung, sondern muß aus Pflicht vollbracht werden, nicht aus Sadismus, sondern aus Tugendhaftigkeit, nicht aus Freude, sondern methodisch, ebensowenig aus der Entfesselung wilder Triebe und der Aufgabe von Bedenken, sondern im Namen höherer Bedenken, mit beruflicher Sachkenntnis und in der ständigen Bemühung um das auszuführende Werk. »Denn so wie das Recht in zivilisierten Ländern von der stillschweigenden Annahme ausgeht, daß die Stimme des Gewissens jedermann sagt: ›Du sollst nicht töten‹, gerade weil vorausgesetzt ist, daß des Menschen natürliche Begierden unter Umständen mörderisch sind, so verlangte das ›neue‹ Recht Hitlers, daß die Stimme des Gewissens jedermann sage: ›Du sollst töten‹, und zwar unter der ausdrücklichen Voraussetzung, daß des Menschen normale Neigungen ihn keineswegs unbedingt zum Mord treiben. Im Dritten Reich hatte das Böse die Eigenschaft verloren, an der es die meisten Menschen erkennen – es trat nicht mehr als Versuchung an die Menschen heran.«[20] Anders gesagt, die Herrschaft Hitlers hat nicht die Herrschaft des Verbrechens auf den Ruinen der Moral eingesetzt: Sie hat dem Verbrechen

---

[20] Hannah Arendt, *Eichmann in Jerusalem. Ein Bericht von der Banalität des Bösen*, München 1995, S. 188.

nicht nur den vollkommenen Anschein, sondern auch den vollkommenen Pomp einer Moral mit Pflichten und Sanktionen gegeben. »Weil die Gesetze im allgemeinen hart sind,« sagte Péguy, »hält man das, was hart ist, für ein Gesetz.«[21]

Weil die Tugend schwierig ist, glaubt man, daß der Strenge tugendhaft ist: der SS-Staat trieb das quiproquo so weit, daß der Kampf gegen das Mitleid als Akt des Widerstandes gegen die Versuchung verstanden wurde und jede Schwäche gegenüber dem unabweislichen Elend eines menschlichen Antlitzes einem Verfehlen des Ideals gleichkam. Er hat die zehn Gebote durch deren Nachahmung und nicht durch Ausschweifung bekämpft: Er hat Menschen, die an Gewissenhaftigkeit nicht mehr zu überbieten waren, die heroische Aufgabe zugewiesen, das Gewissen niederzustrecken. Er hat den steilen Weg der Askese gewählt, um bis ans Ende des Seinsskrupels zu kommen und um den Menschen vom alten Menschen zu befreien. »Wenn sich die unnachgiebige Sittenlosigkeit etabliert, ist sie unendlich viel gefährlicher als die wendige. Denn weil sie unnachgiebig ist, hält man sie für ein Gesetz.«[22] Als er vor einem sehr engen Kreis von Verantwortungsträgern der SS die »schwierigste Frage«, das heißt, das Schicksal der Juden erörterte, ermahnte Heinrich Himmler seine Männer, sich stark zu zeigen, taub gegenüber den unzähligen Bitten, in denen es hieß, »daß alle Juden selbstverständlich Schweine seien, daß bloß der Soundso ein anständiger Jude sei, dem man nichts tun dürfe.«[23] In den Augen des *Reichs-*

---

[21] Charles Péguy, *Note conjointe sur Monsieur Descartes...*, in: *Œuvres en prose complètes*, Bd. III, Gallimard 1992, S. 1443.
[22] Charles Péguy, *Note conjointe sur Monsieur Descartes...*, S. 1444.
[23] Heinrich Himmler, *Geheimreden 1933 bis 1945 und andere Ansprachen*, Frankfurt am Main 1974, S. 169.

führers SS war das Mitleid gefährlich, weil es Ausnahmen macht. Jetzt war das Machen von Ausnahmen bereits nicht mehr ein Machen, sondern erneut ein *Sich-Abfinden*; das bedeutet, sich *mit* dem Feind einzulassen, wenn die Stunde seiner Vernichtung geschlagen hat; und das wiederum bedeutet, sich *mit* der Realität der Welt abzufinden, statt sie entschlossen zu gestalten. Und das bedeutet, vom Absoluten ins Relative zurückzufallen; es bedeutet, die radikalen Forderungen der Geschichte an eine traditionelle Politik der Übereinkommen und Kompromisse zu verraten.

Übrigens steckte Himmler die Bestechlichkeit in dieselbe Schublade wie das Mitleid. Habsucht oder Mildtätigkeit, sich bestechen oder erweichen lassen: zwei schuldhafte Versuchungen; zwei Treuebrüche gegenüber der Geschichte; zwei Verirrungen der Empfindsamkeit; zwei gleichermaßen sträfliche Abweichungen. Ebenso präzisiert er in derselben Rede: »Wir haben aber nicht das Recht, auch nur einen Pfennig von dem beschlagnahmten Judenvermögen zu nehmen. Ich habe von vornherein festgesetzt, daß SS-Männer, auch wenn sie nur eine Mark davon nehmen, des Todes sind. Ich habe in den letzten Tagen deswegen einige, ich kann es ruhig sagen, es sind etwa ein Dutzend – Todesurteile unterschrieben.«[24] Wie man zu sagen pflegte, hat die Majestät der Pflicht nichts mit den Freuden des Lebens zu tun.

Erinnern wir uns, daß das Nachdenken Hannah Arendts über den Totalitarismus in ihrer tiefen Verwunderung über die Sinnlosigkeit der Vernichtung seinen Ursprung hat. Wie konnten die Nazis, fragte sie sich, und fragen wir uns heute, eine Entscheidung fällen, die ihren Bedürfnissen

---

[24] Heinrich Himmler, *Geheimreden*, S. 170.

derart widersprach, indem sie eine kostenlose, reichliche, qualifizierte und unendlich fronbare Arbeitskraft methodisch niedermetzelten? Weil, antwortet bereits zuvor der Chef der Gestapo, nichts Nutzbringendes, keine materielle Überlegung, keinerlei wirtschaftliche oder strategische Berechnung weder den Tag der Entscheidung verzögern noch die Reinheit dieses Vorgehens, das zur Rettung Deutschlands und der Menschheit ausgeführt wird, beflecken sollen. »Befreit sich Deutschland aus dieser Umklammerung [des Judentums], so darf diese größte Völkergefahr als für die gesamte Welt gebrochen gelten.«[25] Und wenn die Zeit gekommen ist, dieses gewaltige Vorhaben auszuführen, muß man sich in der Gewalt haben. »Ich glaube, meine Herren«, eröffnet Himmler am 24. Mai 1944 seinen Generälen, »daß Sie mich so weit kennen, daß ich kein blutrünstiger Mensch bin und kein Mann, der an irgendetwas Hartem, was er tun muß, Freude oder Spaß hat. Ich habe aber andererseits so gute Nerven und ein so großes Pflichtbewußtsein – das darf ich für mich in Anspruch nehmen –, daß ich dann, wenn ich eine Sache als notwendig erkenne, sie kompromißlos durchführe.«[26] Diese Notwendigkeit, der Himmler seine Interessen und Neigungen opfert, ist die Evolution, die sich nicht beim gegenwärtigen Aussehen der menschlichen Gattung aufhält und die es ohne Schwäche zu vollenden gilt.

Im Unterschied zum sartreschen Antisemiten braucht der nationalsozialistische Verbrecher keinen Feind, um sich in bezug auf seine Natur überlegen zu fühlen oder um sich,

---

[25] Hitler, *Mein Kampf*, zitiert nach Eberhard Jäckel, *Hitlers Weltanschauung*, Stuttgart 1991, S. 64.
[26] Heinrich Himmler, *Geheimreden*, S. 203.

ohne etwas dafür tun zu müssen, als Mitglied einer Elite und als Rechtssubjekt zu verwirklichen. Er flüchtet nicht vor seiner beschwerlichen Freiheit in den Haß auf ein sowohl schädliches als auch niedrigeres Wesen, sondern projiziert vielmehr *seine eigene Negation aller Grenzen* auf dieses Wesen. Indem er ein planetarisches »sie oder wir« verkündet, lehnt er nicht den Zustand des freien Menschen ab, sondern die Grenzen, die der Condition humaine innewohnen. Dieser Rassismus ist gewiß wie alle anderen Annahme und sogar Einforderung eines Determinismus. In ihm werden die Anmaßungen des individuellen Bewußtseins gebrandmarkt, und zwar im Namen der Einschränkungen der Vererbung und der vom kollektiven Unbewußten diktierten Gesetze. Dem paradoxen Privileg, das der Humanismus von Pico della Mirandola bis Sartre dem Menschen gewährt, nämlich ursprünglich absolut nichts zu sein, stellt die hitlersche Doktrin das endgültige Eingesperrtsein der Wesen in ihrem Sein entgegen. Aber anstatt den Willen wie im reaktionären Denken oder im klassischen Rassismus zu demütigen, vereinigt sich dieser Fanatismus der Zuweisung mit dem Fanatismus des Machens und verkündet den Triumph des Willens auf allen Ebenen der Begrenztheit.

Der Triumph des Willens auf allen Ebenen der Begrenztheit: das ist auch die Formel des Stalinismus. Gewiß gibt es zwischen dem SS-Staat und dem sowjetischen Regime zahlreiche Unterschiede, die an der Natur der Herrschaft, an den wirtschaftlichen Bedingungen, an der sozialen Zusammensetzung der Partei, an den geltend gemachten Werten, an den verfolgten Zielen und an Grad und Funktion des Terrors festzumachen sind. »Selbst wenn man zugibt, daß der stalinistische Terror in vielen Bevölkerungsschichten nicht unbeliebt war, läßt sein Ausmaß vermuten, daß das Regime sich nicht auf ein Einverständnis stützen konnte, das auch nur im geringsten vergleichbar wäre mit dem des Hitlerregimes«[27], schreibt der Historiker Ian Kershaw zutreffend. Bleibt dennoch dieser fundamentale ontologische Kern: In beiden Systemen werden die sozialen Phänomene als Prozesse und die Seinsformen als bewegende Kräfte erfaßt. Um eine Formulierung Chestertons über die Evolution aufzugreifen, kann man für beide sagen, daß »es überhaupt keine wirklichen Dinge gibt. Wenn es etwas gibt, so ist es höchstens der Fluß des Allgemeinen, des Irgendwelchen«[28]; hier wie dort drückt sich die Gewißheit aus, mit dem Strom zu schwimmen. Krieg der Klassen oder Krieg der Rassen, jenseits des Antagonismus der Werte sieht man, wie sich auf diese Weise ein gleiches »alles ist möglich«, eine gleiche Idee des Politischen als Stätte der Allmacht, eine gleiche und abgründige Abwesenheit von Skrupeln gegenüber dem Gegebenen entfalten, wobei letztere auf den gleichen Voluntarismus, auf dieselbe philosophische und paranoide Überzeugung aufgebaut ist, daß nichts unabhängig vom Kampf der Willen existiert. Schließlich treibt in beiden Fällen weniger die Roheit als vielmehr die Radikalität zum Verbrechen, das heißt der Zwang, seinem Denken ohne Zögern und ohne Ausflüchte bis zu seinen letzten Konsequenzen zu folgen.

Lesen wir *Sonnenfinsternis* von Arthur Koestler. Der Held Rubaschow ist Mitglied der alten bolschewistischen

---

[27] Ian Kershaw, »Retour sous le totalitarisme«, in: *Esprit*, Januar-Februar 1996, S. 115 f.
[28] Gilbert K. Chesterton, *Orthodoxie*, München 1909, S. 38.

Garde der Oktoberrevolution. Nachdem er von Stalin (in diesem Roman mit jenem Namen versehen, der kein Name mehr ist: »die Nr. 1«) ins Gefängnis geworfen wurde, lehnt sich Rubaschow zunächst gegen sein Schicksal auf. Er denkt in seiner Zelle nach über den Bankrott oder das Stagnieren der Revolution, bis er sich geschlagen gibt, oder eher bis ihm die sowohl physische und moralische als auch die intellektuelle Kraft ausgeht, sich der Logik wirklich entziehen zu können, deren Opfer er nun ist, nachdem er sie selbst unerbittlich ins Werk gesetzt hatte. Er unterschreibt die von ihm verlangten Geständnisse und willigt ein, sich in seinem Prozeß für schuldig zu erklären. Schuldig weswegen? Schuldig, »sentimentalen Impulsen gefolgt und damit in Widerspruch mit der historischen Notwendigkeit geraten zu sein«. Und vor dem Untersuchungsrichter führt Rubaschow genauer aus: »Ich habe dem Stöhnen der Geopferten mein Ohr geliehen und wurde dadurch taub für die Argumente, die die Notwendigkeit ihrer Opferung bewiesen. Ich bekenne mich schuldig, die Frage von Schuld und Unschuld höher bewertet zu haben als jene der Nützlichkeit und Schädlichkeit. *Schließlich bekenne ich mich schuldig, den Begriff des Menschen über den der Menschheit gestellt zu haben.*«[29]

Mit einer Verspätung kapituliert Rubaschow auf diese Weise vor den Argumenten des vorigen Richters, der wie er selbst zur Generation der Gründungsväter gehörte und während der Ermittlungen beseitigt wurde. Sich an sein Gewissen zu verkaufen, hatte ihm der Genosse Iwanoff gesagt, bedeute, seine Aufgabe gegenüber der Menschheit zu verfehlen. Und seine Beweisführung hatte er mit den

---

[29] Arthur Koestler, *Sonnenfinsternis*, Wien, Zürich 1991, S. 178 (Hervorhebungen von mir; A.F.).

Worten fortgesetzt: »Im Grunde genommen gibt es nur zwei mögliche Theorien der Moral, und sie verhalten sich wie entgegengesetzte Pole. Die eine ist christlich-humanistisch, erklärt das Individuum für sakrosankt und behauptet, daß mathematische Regeln nicht auf menschliche Einheiten anwendbar sind. Die andere geht von dem Grundprinzip aus, daß das Kollektivziel alle Mittel heiligt, und erlaubt nicht nur, sondern gebietet, daß das Individuum in jeder Hinsicht der Gemeinschaft unterstellt und wenn nötig geopfert wird, als Versuchskaninchen, als Opferlamm und auf jede andere erforderliche Art. Die erste Auffassung können wir die Antivivisektionsmoral nennen, die zweite die Provivisektionsmoral [...]. Hast du jemals ein Antivivisektionstraktat gelesen? Es ist eine erschütternde und herzzerreißende Lektüre; wenn du liest, wie ein armer Köter, dem man die Leber herausgeschnitten hat, vor sich hin winselt und seines Peinigers Hand leckt, wird dir ebenso übel wie heute nacht. Aber wenn es nach diesen Leuten ginge, hätten wir heute kein Serum gegen Cholera, Typhus oder Diphtherie.«[30]

Diese Analogie zwischen dem Tierexperiment und der menschlichen Opfer ist nicht selbstverständlich, das ist das Mindeste, was man darüber sagen kann. Versuchen wir dennoch über ihre Bedeutung nachzudenken, bevor wir deren Sophismus oder Skandal anprangern. Was Iwanoff hervorheben will, ist der innere Kampf zwischen dem Mitleid und der Vernunft. Die Vernunft behauptet und verkörpert die Existenz eines abgetrennten menschlichen Reiches. Das Mitleid stellt diesen Anspruch insofern in Abrede, als es sich, wie Rousseau deutlich gesehen hat,

---

[30] Arthur Koestler, *Sonnenfinsternis*, S. 149 ff.

nicht nur über die Abneigung definiert, seinen Mitmenschen leiden zu sehen. Vor allem definiert es sich über die Neigung, in jedem leidenden Wesen seinesgleichen zu entdecken. Im Namen der Vernunft maßt sich der Mensch das Recht an, die Menschlichkeit von der Tierhaftigkeit zu trennen, wogegen sein Mitleid sich über diese Grenze hinwegsetzt und ihn mit dem armen vor sich hin winselnden Köter identifiziert oder, wenn er sie zu Gesicht bekäme, mit diesen Produktionsmaschinen, mit diesen jammervollen lebenden Laboratorien, zu denen die Nutztiere in der Intensivzucht geworden sind. So bezeichnet ein und dasselbe Wort – Menschlichkeit – ein Königreich und dessen Anfechtung, eine bestimmte Gattung und ein sich aus dieser heimlich davonstehlendes Mitgefühl.

Wenn mit der wachsenden Gleichheit der Umstände die aufgenötigten Identifikationen, »sei es einer Kultur mit einer anderen oder eines Individuums als des Angehörigen einer Kultur mit einer bestimmten Rolle oder mit einer sozialen Funktion, in die eben diese Kultur es hineinzwängen will«[31], hinfällig werden, was passiert dann tatsächlich? Die Identifizierung wird freigesetzt. Und das bedeutet, wie Lévi-Strauss aufzeigt, während er Rousseau kommentiert, daß sie sich »nur *jenseits des Menschen* verwirklichen kann: mit allem, was lebt und also leidet; und die sich auch nur *diesseits* der Rolle oder der Funktion verwirklichen kann: mit einem Wesen, das noch nicht geformt, sondern nur erst gegeben ist«.[32] Anders gesagt, der Mensch überschreitet die Grenzen: Es hält ihn nicht mehr. *Sein Herz weiß nicht, wo ihm der Kopf steht.* Gleichgültig, ob es sich um

---

[31] Claude Lévi-Strauss, *Strukturale Anthropologie, Band II*, S. 52.
[32] Claude Lévi-Strauss, *Strukturale Anthropologie, Band II*, S. 52.

Fremde, Feinde oder Tiere handelt: Den Tieren, denen Sprache und Vernunft versagt ist, verleihen Verletzbarkeit und Furcht ein Antlitz.

Es gibt in dieser Empathie nicht den geringsten Anflug von Vitalismus. Der Mensch, den das Mitleid abseits der ausgetretenen Wege führt, entdeckt am Ende seiner Reise nicht seine Tierhaftigkeit. Es käme ihm niemals in den Sinn, im Namen der Forderungen des Instinkts die hemmende und leidbringende Herrschaft des Geistes anzufechten oder aus dem Existenzkampf das einzige Seinsgesetz zu machen. Denn nicht das Schauspiel des Lebens läßt sein Gefühl entstehen, sondern die Bedrohung des Todes; nicht der Wilde, sondern die Beute; nicht das wollüstige Aufgehen des Menschen in die Natur, sondern die Ausweitung der Gemeinschaft der Sterblichen auf andere Geschöpfe als die Teilhaber der Gattung Mensch.

Das Mitleid ist demnach nicht faschistisch, doch in zweifacher Hinsicht dumm, würde Iwanoff sagen: dumm, weil es zugunsten der armen Tiere die Bedürfnisse der Menschen vergißt; und dumm mehr allgemein, weil es sich nicht aus dem einzelnen ihm vor Augen stehenden Elend zur Vision des Universalen zu erheben vermag. Für Iwanoff beweisen die Tierschützer, daß der Mensch mit dem Gefühl der Menschlichkeit auf Abwege geraten sei. Die Vernunft, aber auch die Gerechtigkeit geböten ihm, sich wieder in die Gewalt zu bekommen: Diese Gerechtigkeit sei dem Mitleid insofern überlegen, als das Schicksal der menschlichen Gemeinschaft sie zu sehr beanspruche, um sich von einem tränenüberströmten Gesicht oder von der vereinzelten Verzweiflung eines Individuums einfangen zu lassen.

Selbstverständlich kann man diese Rechtfertigung der totalitären Vernichtung der Menschen durch die Behandlung, die unsere Moderne den Tieren zufügt, um die Menschen zu ernähren, anzuziehen und besser zu versorgen, nicht ohne Reaktion hinnehmen. Aber vielleicht ist es auch nicht vollkommen unzulässig, einen neuen Streit von Valladolid für und gegen Iwanoff zu eröffnen. Vielleicht gibt es in diesem für die Belange einer schlechten Sache zum Schein hergestellten Zusammenhang eine verborgene Wahrheit, die sich auf folgende Weise formulieren ließe: »Die wahre menschliche Güte kann sich in ihrer absoluten Reinheit und Freiheit nur denen gegenüber äußern, die keine Kraft darstellen. Die wahre moralische Prüfung der Menschheit, die elementarste Prüfung (die so tief im Innern verankert ist, daß sie sich unserem Blick entzieht) äußert sich in der Beziehung der Menschen zu denen, die ihnen ausgeliefert sind: zu den Tieren. Und gerade hier ist es zum grundlegenden Versagen des Menschen gekommen, zu einem so grundlegenden Versagen, daß sich alle anderen aus ihm ableiten lassen.«[33]

Durch seine Befürwortung und Praxis der Unmenschlichkeit kompromittiert jedenfalls der von Koestler in Szene gesetzte Richter und Logiker wiederum die Idee der Menschlichkeit selbst. Im Gegensatz zu den nazistischen Doktrinären ist er von der Gleichheit und nicht von der Macht besessen. Er kämpft nicht für die Errichtung einer Rassenhierarchie, sondern für die Verwirklichung einer wahrhaft egalitären und homogenen Gesellschaft. Er will nicht die Starken befreien und die Moral liquidieren. Er will die Schwachen rächen, weil er die Moral ernst nimmt. Was ihn trotz dieser enormen Unterschiede dennoch in die

---

[33] Milan Kundera, *Die unerträgliche Leichtigkeit des Seins*, Frankfurt am Main 1987, S. 277.

Nähe von Doktor Pannwitz rückt, ist die Überwachung des Mitleids durch die Geschichte und die Opferung der offenkundigen oder elementaren menschlichen Bindungen an die voranschreitende Menschheit.

Anstatt wie Lévi-Strauss von Regression zu sprechen, sollte man demnach eingestehen, daß das 20. Jahrhundert als Bühne fungierte für den Zusammenprall zwischen den beiden Komponenten der modernen Idee der Menschlichkeit – der Würde und der Geschichte nämlich – und daß dieser Kampf zum blutigen Triumph der Geschichte über die Würde geführt hat. Während der Begriff Würde jeder Person allein kraft ihrer Menschlichkeit einen besonderen und absoluten Wert zuerkennt, räumt der Begriff Geschichte oder Menschheitsentwicklung den menschlichen Wesen nur einen relativen Wert ein: »[...] gleichzeitig verlangt die Würde des Menschen, daß der Mensch (jeder einzelne von uns) in seiner Besonderheit gesehen und als solcher [...] als die Menschheit im allgemeinen widerspiegelnd betrachtet werde.«[34] Die Idee des Fortschritts proklamiert im Gegenzug hierzu die ontologische Überlegenheit des Lebens der Menschheit über das Leben der Menschen. »Als physisches Faktum, nicht aber als theologische Aussage ist das Prinzip: ›Es gibt nur Individuen‹ wahr«, schreibt Renan in *Die Zukunft der Wissenschaft,* dieser Bibel des Fortschritts. »In der Gesamtheit der Dinge verschwindet das Individuum; nur die von den Individuen angedeutete Größe ist bedeutungsvoll.«[35] Und er ruft aus:

---

[34] Hannah Arendt, *Das Urteilen. Texte zu Kants politischer Philosophie,* München 1985, S. 102.
[35] Ernest Renan, *L'Avenir de la science,* in: *Œuvres complètes,* Bd. III, Calmann-Lévy 1949, S. 1030.

»Was geht mich dieser Mensch an, der sich zwischen die Menschheit und mich stellt? [...] Die wahre Würde besteht nicht darin, einen Namen für sich, eine eigene Wesensart für sich zu haben, sondern der edlen Rasse der Gottessöhne zuzugehören, ein Soldat zu sein, der in der gewaltigen Armee aufgeht, die sich der Eroberung des Vollkommenen annähert.«[36]

Kant, der Vollender des Jahrhunderts und des Denkens der Aufklärung, bejaht ineins die gleiche Würde aller Menschen und den Fortschritt der Menschheit. Von einem Jahrhundert belehrt, das die erhabenen Bilder von *Die Zukunft der Wissenschaft* wörtlich genommen hat, können wir davon nur Abstand nehmen und mit Hannah Arendt behaupten: »Es ist gegen die menschliche Würde, an den Fortschritt zu glauben.«[37] Man kann hinzufügen: um so mehr, je höher die Erwartung ist. Wenn der Fortschritt als Eroberung und Verwirklichung des Vollkommenen, als Zugang des Menschen zu einer absoluten Souveränität definiert wird; wenn, mit anderen Worten, der Auftrag der Geschichte in der Befreiung der Menschheit von der Begrenztheit besteht, indem sie ihr die göttlichen Eigenschaften der Allwissenheit und der Allmacht überträgt, dann müssen die Diener der Geschichte über deren Unbeweglichkeit, Zurückbleiben, Fehlschläge, ja sogar Rückschritte Rechenschaft ablegen. Weil das Unglück nicht mehr auf die Gerechtigkeit des Allerhöchsten oder auf die Schurkerei des Teufels bezogen werden kann und die Condition humaine nur von denen als vollendet verkündet

---

[36] Ernest Renan, *L'Avenir de la science*, S. 883 f.
[37] Hannah Arendt, *Das Urteilen. Texte zu Kants politischer Philosophie*, S. 102.

werden kann, die ein Interesse daran haben, den bestehenden Zustand aufrechtzuerhalten, ist die Zeit gekommen, alles durch den Feind zu beweisen. Gott ist tot: alles ist feindselig. Unsere Mißerfolge offenbaren die Böswilligkeit des Feindes, nicht unsere Begrenztheit. Sie ist durch ihn verschuldet und nicht unser Schicksal. Man muß ihn demnach zerstören, um das große Versprechen der Geschichte zu erfüllen. Der Genosse Rubaschow wird zum Schluß erst dann hingerichtet, nachdem er davon überzeugt worden ist, Sabotageakte aus konterrevolutionären Motiven für eine fremde Macht begangen zu haben.

Im Vertrauen auf den Beweis durch den Feind erteilt daher das totalitäre Denken der Wirklichkeit, wie sie ist, und dem Ereignis, wie es kommt, einen *abschlägigen Bescheid*. Indem es sich auf die unumstößliche Gewißheit eines Kampfes bis zum Tode zwischen dem Menschen und dem Feind der Gattung Mensch beruft, emanzipiert es sich von der Wirklichkeit, die wir durch unserer fünf Sinne erfassen, und besteht ihr gegenüber auf »einer ›eigentlicheren‹ Realität, die sich hinter diesem Gegebenen verberge, es aus dem Verborgenen beherrsche, und die wahrzunehmen wir einen sechsten Sinn benötigen.«[38]

Dieser sechste Sinn und dieses Denken, das aufgrund der Fähigkeit, einfach alles erklären zu können, sich von jeglicher Erfahrung ablöst, nennt Hannah Arendt Ideologie. Mit der Ideologie, sei sie rassistisch oder kommunistisch, wird »der Begriff der Feindschaft [...] durch den der Verschwörung ersetzt und damit eine politische Realität hergestellt, in der hinter jeder Erfahrung des Wirklichen – wirklicher Feindschaft oder wirklicher Freundschaft – der

---

[38] Hannah Arendt, *Elemente und Ursprünge totaler Herrschaft*, S. 719.

Natur der Sache nach etwas anderes vermutet werden muß.«[39] Zu Marx und denen, die nach Kriegsende und wegen des Krieges den marxistischen Begriff der Ideologie für sich in Anspruch nahmen, um die Jagd auf den Naturbegriff zu eröffnen, stellt sich Arendt auf diese Weise in Opposition. Für Arendt besteht die Ideologie nicht in der Verlogenheit der Erscheinungen, sondern vielmehr in dem Verdacht, der auf die Erscheinungen geworfen wird, und in der systematischen Darstellung der vorgefundenen Wirklichkeit als einer oberflächlichen und trügerischen Projektion. Sie ist kein Glaube an die Wahrnehmung, sondern Zweifel. Sie ist kein naives Akzeptieren des Sichtbaren, sondern dessen intelligente Entlassung. Mit einem Wort, sie ist nicht die betrügerische Tilgung des Historischen unter der Zeitlosigkeit der Essenz, sondern wohl eher das Aufgehenlassen des unbeherrschbaren »Es gibt«, der Unbestimmtheit der Welt und der beunruhigenden Mannigfaltigkeit der Ereignisse in einem Historienstück für zwei Personen, das zugleich den Blicken entzogen ist und dem Wissen offensteht.

»Alles ist zweckmäßig beschrieben, wenn die Fakten die Ordnung einer falschen Natur verlassen haben, um sich in die wahre Ordnung der Geschichte wieder einzugliedern«, behauptete Roland Barthes 1951 – dem Erscheinungsjahr von *Elemente und Ursprünge totaler Herrschaft* – in einem Artikel mit dem Titel »Sprachloser Humanismus«. Und er fügte hinzu: »Weil nichts Vergangenes außerhalb der geschichtlichen Vernunft existiert, kann die Zukunft von den Menschen, die sie machen, vollständig in Besitz

---

[39] Hannah Arendt, *Elemente und Ursprünge totaler Herrschaft*, S. 719.

genommen werden.«⁴⁰ Aus dieser Perspektive wird man sowohl die Anerkennung eines irreduziblen höheren Stellenwertes des Seins gegenüber dem Denken als auch die Behauptung, daß Wirkliches und Rationales nicht zusammenfallen, und schließlich den Verzicht der Menschheit auf die totale Beherrschung ihres Schicksals als ideologisch oder mystifizierend werten. Was jedoch umgekehrt für Arendt gerade der Ideologie entspringt, ist die Leugnung des Zufälligen und die Weigerung, innerhalb der menschlichen Angelegenheiten die Unvorhersehbarkeit und jene Formen der Unverfügbarkeit, nämlich das Ereignis, die Begegnung oder das bereits Vorhandene, zu ihrem Recht kommen zu lassen. Mit einem Wort, für sie geht die vom Geschichtsbegriff betriebene Auslöschung jeglicher Grenze und sogar die Unterdrückung der Vorstellung des Abenteuers aus der Ideologie hervor.

Ideologie: ein Wort, zwei Bedeutungen. Es handelt sich hier nicht um eine unglückliche Homonymie, sondern um einen Streit von größter Wichtigkeit: Indem man verkündet, daß es nur ideologische Barrieren für das Anbrechen einer souveränen Menschheit gibt, setzt man das Böse des Jahrhunderts weiter fort. Nur die Offenlegung des mörderischen Leugnens der Begrenztheit, das im Herzen der Vorstellung liegt, der Mensch könne und dürfe alles, erlaubt es, dieses Böse zu denken.

---

[40] Roland Barthes, *Œuvres complètes*, Bd. I, S. 106.

VIERTES KAPITEL

Die Ironie der Geschichte

Als die Idee des Fortschritts beim Anbruch der Moderne gemeinsam mit dem Thema der unbegrenzten Vervollkommnungsfähigkeit des Menschen erschien – letztere durch die Eroberungen und Fortschritte in den Wissenschaften verbürgt –, blühte jene Idee im 19. Jahrhundert zur Geschichtsphilosophie auf. Und diese Philosophie leitet in der philosophischen Tradition eine gewaltige Umschichtung ein, denn durch sie ändert die Gewalt als uralte Herausforderung des *Logos* ihr Vorzeichen und wird Arbeit des Negativen, folglich zum *positiven* Faktor der Entwicklung. Hegelsche List der Vernunft, Marxscher Klassenkampf, Darwinsches Gesetz der Evolution: In allen Fällen ist das Böse gut und die Gewalt zweckdienlich, denn sie dienen höheren Zielen und bringen die Menschheit ihrer Bestimmung näher.

»Im 19. Jahrhundert tritt an die Stelle Gottes und seiner Allmacht über das Schicksal der Menschen die Geschichte«, aber, so schreibt François Furet zu Recht, »erst im 20. Jahrhundert manifestiert sich der politische Wahnsinn, der aus dieser Substitution entstanden ist.«[1] Was das vorangegangene Jahrhundert gedacht hat, wurde von unserem ausgeführt. Dieses von jenem jedoch abzuleiten würde bedeuten, die Idee zum Demiurgen der Wirklichkeit zu erheben und

---

[1] François Furet, *Das Ende der Illusion*, S. 47.

auf diese Weise die Macht der Geschichte fortbestehen zu lassen. Es bedeutete darüber hinaus, die große Ironie unserer Zeit, deren buchstäblich unhaltbares Paradox zu verfehlen. Wenn im 20. Jahrhundert so viele Menschen sei es an die Geschichte, sei es an die unausweichliche Vollendung der Menschheit geglaubt haben, und wenn obendrein gerade die Geschichtsauffassungen, deren Antagonismus am radikalsten war, auf gleichartige Regimes haben hinauslaufen können, so ist dies die Konsequenz eines anfänglichen Ereignisses, dem eine gültige Bedeutung beizumessen für immer unmöglich ist: des Ersten Weltkrieges.

Man kann gewiß von diesem Krieg nicht sagen, er sei grundlos. Er ist nicht wie ein unvorhersehbares Gewitter im wolkenlosen Himmel eines vom Gleichgewicht der Mächte friedlich regierten Europas ausgebrochen. Er hat niemanden unvorbereitet getroffen, denn jeder polierte bereits seit Jahren seine Waffen. »Es gibt eine Art kriegerischer Menschen, bei der alles die Schönheit der Schlacht anstrebt, und es gibt eine, bei der alles die Verkündung des Sieges anstrebt«, schrieb Péguy am Vorabend des Ersten Weltkrieges. »Es gibt eine Kriegsart, die das Rittertum, und eine, die den Sieg anstrebt.« Es gibt anders gesagt ein System der Ehre und ein System der Herrschaft. Es gibt das Epische und es gibt das Politische. Es gibt Achilles, der sich der Gefahr aussetzt und sich schlägt, und es gibt Odysseus, der »schweigt und gewinnt«.[2] Für Péguy war Achilles natürlich Franzose und Odysseus Deutscher. Aber seien wir gerecht. Seit 1911 und der Krise von Agadir hielt jede europäische Macht ihre Staatsmänner bereit, um dem Expansionsstreben der gegnerischen Staaten entgegenzuwirken,

---

[2] Charles Péguy, *Note conjointe sur Monsieur Descartes ...* , S. 1343 f.

und ebenso seine zukünftigen Helden, die, worauf Stefan Zweig in *Die Welt von gestern* hinweist, davon träumten, einen wilden und männlichen Ausflug in ein romantisches Land zu unternehmen und aus der bürgerlichen Welt der Gesetze und Paragraphen oder aus der längst maschinengesteuerten und mechanischen Arbeitswelt auszubrechen. Jedenfalls waren die Europa quälenden Träume, Befürchtungen und Gründe so hinreichend, daß niemand ernsthaft daran dachte, den Mechanismus aufzuhalten, der am 28. Juni 1914 in Sarajewo in Gang gesetzt wurde. Dieser absonderliche Krieg wurde – im Unterschied zu den von Bismarck geführten – nicht willentlich von einem der beiden Lager ausgelöst. Die Verkettung der Bündnisse funktionierte jedoch genauso gut, weil jeder mit einem bewaffneten Konflikt gerechnet und an sein unmittelbares Bevorstehen geglaubt hat. Doch kaum hatte er begonnen, schlug dieser Verlauf eine Richtung ein, worauf die Gründe und die Träume keinen Einfluß mehr ausübten. Zwischen Vorausschau und Ereignis ist das getreten, was Raymond Aron treffend die *technische Überraschung* genannt hat. Die Minister und ihre Berater waren sicher, einen Krieg wie alle anderen zu führen und in wenigen Wochen entscheidende Erfolge erringen zu können. Nun aber schlugen alle Blitzoffensiven fehl: die Österreichs gegen Serbien, die Rußlands gegen Österreich in Galizien und gegen Deutschland in Ostpreußen, die Frankreichs gegen Deutschland in Lothringen und den Ardennen und schließlich die deutsche Offensive gegen Belgien und Frankreich. Weil die Waffengewalt der verschiedenen Armeen von den Erwartungen völlig abwich, drängte sich die Notwendigkeit der Kriegswirtschaft, der Abnutzungsstrategie und der Eingrabung in Schützengräben auf. »Das gab dem Ersten Weltkrieg seinen bedrückenden Charakter eines Erschöpfungskrieges, eines immer wiederholten strategisch unergiebigen Gemetzels.«[3] Und je höher die Zahl der Opfer stieg, um so mehr entfernten sich die Aussichten auf einen verhandelbaren Frieden. Der traditionelle Weg des Kompromisses wäre nicht auf dem Niveau der bereits gebilligten Gewalttaten und Opfer gewesen. Der Krieg hörte auf, ein, wie Clausewitz es wollte, »ernsthaftes Mittel zu einem ernsthaften Zweck« zu sein. In dieser vollkommen neuen Lage radikalisierte sich der Zweck stets von vornherein, auf daß er sich nicht von den Mitteln entferne, die er mit beispiellosem Leichtsinn ausgelöst hatte. »Ist die Maßlosigkeit der kriegerischen Technik Ursache oder Wirkung der maßlosen Leidenschaft?«, fragt Raymond Aron und antwortet unter Berücksichtigung der »Wechselwirkung dieser beiden Phänomene« und nicht ohne »Vorbehalte und Abstriche«, daß »die treibende Kraft in dieser Epoche die Technik war. Erst die Technik ermöglichte die Organisation der Volksleidenschaft. Sie hat die Versuche einer Vermittlung zwischen den Parteien zum Scheitern verurteilt, die alten Künste einer weisen Diplomatie wirkungslos gemacht und jene Kreuzzugsstimmung verbreiten helfen, die zu einem Frieden führte, der bereits die Keime eines neuen Krieges in sich trug.«[4] Auf diese Weise hat sich der Krieg zeitgleich vom epischen und vom politischen Modell emanzipiert, die sich bis dahin seine Definition streitig machten. Er hat sich von Odysseus und Clausewitz zur gleichen Zeit verabschiedet,

---

[3] Sebastian Haffner, *Von Bismarck zu Hitler. Ein Rückblick*, München 1989, S. 123.
[4] Raymond Aron, *Der permanente Krieg*, Frankfurt am Main 1953, S. 45f.

als er Achilles und Péguy Lebewohl sagte. Er hat sich 1914 dem Bereich der List ebenso wie dem der Heldentat entzogen. Von dieser radikalen Neuerung legt kein Ort des Gedenkens schmerzhafter Zeugnis ab als das Grab des Unbekannten Soldaten.

Es gibt zwischen dem Krieg und dem Namen ein uraltes Band. Die Schlacht ist jener Augenblick der Wahrheit, in dem der Name Zeugnis von sich ablegt. Gerade in der Aussetzung an die höchste Gefahr hebt sich der Mensch hervor, macht er sich einen Namen oder zeigt er sich seines Namens würdig. Tapferkeit und Todesverachtung sind es, die dem Helden unvergänglichen Ruhm sichern. Achilles zieht aus freien Stücken das kurze und ruhmvolle Leben dem langen bequemen vor, das von der Nachwelt unbeachtet bleiben wird. »[...] doch jetzt ereilt mich das Schicksal«, ruft Hektor ebenfalls aus: »Wahrlich, nicht ohne Kampf, nicht ruhmlos will ich zugrund gehen, sondern nach großer Tat, daß Künftige sie noch erfahren.«[5] Mögen sie für das eine oder das andere Lager kämpfen, mögen sie Griechen oder Trojaner sein, die tapferen Männer sind die Besten, und ihren Namen steht Unsterblichkeit zu. Und alle noch so friedlichen Heldentaten, denen wir heutzutage Beifall klatschen, entlehnen einen Teil ihrer Berühmtheit diesem martialischen Ursprung. Es gibt sehr wohl andere Taten – von Helden und von Kriegshelden –, aber alles hat mit diesen angefangen: die erste Handlung, die ein Individuum von der Masse abgehoben, das Leben der Anonymität entrissen und den Tod unvergeßlich gemacht hat, war die kriegerische.

Im Jahre 1918 verlangte das Bedürfnis, die in der Schlacht

---

[5] Homer, *Ilias*, Stuttgart 1994, S. 463, 302 ff.

Gefallenen zu ehren, allerorten nach einem Monument. Aber weil sich Umfang und Wesen des Todes verändert haben, kann der Stein ebensowenig wie die Leier das Überleben des Namens im Ruhm sicherstellen; der Stein kann nur das Verschwinden des Namens in der Menge bestätigen und verdinglichen. Die Verehrung des unbekannten Soldaten, die aus diesem Krieg entstanden ist, stellt demnach zwei antinomische Seinsweisen zusammen, die sich durch ihren Gegensatz erhalten, seitdem es Kriege und Menschen gibt: Das Unpersönliche und das Heldentum, die Verborgenheit und der Ruhm. Die Tugend des Unbekannten Soldaten, sagt Ernst Jünger, »liegt darin, daß er ersetzbar ist und daß hinter jedem Gefallenen bereits die Ablösung in Reserve steht«.[6]

Die Entdeckung und die Lobpreisung dieser Tugend neutralisieren die Erfahrung der Menschlichkeit, die an der Front von Lussu und im übrigen auch von Jünger gemacht wurde. Die Offenbarung des anderen Menschen im Feind konnte auf dem Schlachtfeld stattfinden, doch zum Schluß gab es 8 700 000 Tote. Die Menschlichkeit eines jeden – sei es Freund oder Feind – hat durch diesen »Schub des Unermeßlichen«[7] und den sofortigen Ersatz der Verschwundenen ihren Charakter der Einmaligkeit verloren und dadurch eine beispiellose und womöglich unwiderrufliche Entwertung erlitten. »Damals, vor dem großen Kriege, da sich die Begebenheiten zutrugen, von denen auf diesen Blättern berichtet wird, war es noch nicht gleichgültig, ob ein Mensch lebte oder starb«, schreibt Joseph Roth am Anfang des ach-

---

[6] Ernst Jünger, *Der Arbeiter*, Stuttgart 1982, S. 153.
[7] Dominique Janicaud, *La Puissance du rationnel*, Gallimard 1983, S. 52.

ten Kapitels seines berühmten wehmütigen Romans *Radetzkymarsch*. »Wenn einer aus der Schar der Irdischen ausgelöscht wurde, trat nicht sofort ein anderer an seine Stelle, um den Toten vergessen zu machen, sondern eine Lücke blieb, wo er fehlte, und die nahen wie die fernen Zeugen des Untergangs verstummten, sooft sie diese Lücke sahen.«[8]

Der Erste Weltkrieg hat die Leere gefüllt und Renan beim Wort genommen. Das Bild des »Soldaten, der in der gewaltigen Armee aufgeht, die sich der Eroberung des Vollkommenen annähert«, wurde verwirklicht: Die überspannte Metapher ist gemeinsames Schicksal, schrecklicher und fast universaler Zustand geworden. Die Individuen haben in der Tat nicht mitreden dürfen. Nicht mehr die Wissenschaft, sondern der Krieg hat gesprochen und gesagt: »Was geht mich dieser Mensch an, der sich zwischen die Menschheit und mich stellt? Was interessieren mich die unbedeutenden Silben seines Namens? Dieser Name ist selbst eine Lüge [...]. Das Anonyme ist an dieser Stelle sehr viel ausdrucksvoller und wahrer.«[9] Die Idee des Fortschritts behauptete die Vorherrschaft der voranschreitenden Menschheit über Menschen aus Fleisch und Blut. Dadurch hat sie die große metaphysische Aufteilung des Seins in eine niedere und eine wahre Wirklichkeit in die Geschichte und ins menschliche Diesseits wieder eingeführt. Und plötzlich ist das Ereignis eingetreten, das diese Aufteilung in die Praxis umgesetzt und unseren Blicken grausam ausgesetzt hat.

Hieraus erklärt sich auch der existentielle Widerspruch, den der Artillerist Franz Rosenzweig dem Dualismus der

---

[8] Joseph Roth, *Radetzkymarsch*, München 1996, S. 96.
[9] Ernest Renan, *L'Avenir de la science*, S. 883.

Philosophie und allen seinen Ausprägungen entgegengestellt hat. Schon in den ersten Zeilen von *Der Stern der Erlösung*, einem Werk, das auf Postkarten in den Schützengräben vom Balkan verfaßt wurde, schreibt Rosenzweig: »Mag der Mensch sich wie ein Wurm in die Falten der nackten Erde verkriechen vor den herzischenden Geschossen des blind unerbittlichen Tods, mag er es da gewaltsam unausweichlich verspüren, was er sonst nie verspürt: daß sein *Ich* nur ein *Es* wäre, wenn es stürbe, und mag er deshalb mit jedem Schrei, der noch in seiner Kehle ist, sein *Ich* ausschreien gegen den Unerbittlichen, von dem ihm solch unausdenkbare Vernichtung droht – die Philosophie lächelt zu all dieser Not ihr leeres Lächeln.«[10]

Lächeln der antiken Kosmologie. Lächeln der mittelalterlichen Theologie. Renan lächelt und auch Hegel lächelt, wenn er sieht, wie die Vernunft »auf allen Gipfeln und in allen Abgründen ihr Banner der Souveränität aufpflanzt«. Marx lächelt, wenn er den Gott der Geschichte vergleicht mit dem »schrecklichen heidnischen Gott, der seinen Nektar nur aus den Schädeln seiner Opfer trinken wollte«. Ein metaphysisches Lächeln des Krieges, der die einzelnen Leben mit Nichtigkeit schlägt und die Wirklichkeit anonymen Kollektiven vorbehält. Rosenzweig brandmarkt dieses gleichgültige und reduzierende Lächeln im Namen des Geschöpfes, das vor dem Tod und seinem Giftstachel zittert. Diese Herabsetzung funktioniert nicht mehr, gerade weil sie sich verwirklicht. Der Krieg hebt den philosophischen Zauber der Einheit und der Allheit gerade dadurch auf, daß er ihre Herrschaft einrichtet. »Nachdem sie [die

---

[10] Franz Rosenzweig, *Der Stern der Erlösung*, Frankfurt am Main 1993, S. 3.

Vernunft] also alles in sich aufgenommen und ihre Alleinexistenz proklamiert hat, entdeckt plötzlich der Mensch, daß er, der doch längst philosophisch verdaute, noch da ist... ›Ich, der ich doch Staub und Asche bin.‹ Ich ganz gemeines Privatsubjekt. Ich Vor- und Zuname [...]. Ich bin noch da. Und philosophiere [...]«.[11]

Während der Krieg alles in sich aufnimmt, wendet sich die Philosophie gegen die Totalität, gegen die sich alles einverleibende Ordnung, die sie selbst aufgestellt hat, und damit gegen ihren eigenen Sieg über das Irreduzible. Der von Jünger gepriesenen Verleugnung bzw. Auflösung des Ichs in der großen Maschine stellt Rosenzweig die Verkörperung und Individuierung durch das Grauen entgegen, das nicht mehr epische, sondern vor Angst um seine Existenz zitternde »Ich, Ich, Ich« des in den Schützengräben oder in den Erdlöchern gekauerten Menschen. Der Artillerist und Philosoph tritt hier in Rebellion gegen die Geschichte, die als Abenteuer der Vernunft, Vollendung des Universalen und als das Zu-sich-selbst-Kommen der Menschheit verstanden wird. Die Idee der geschichtlichen Vernunft kommt für ihn an den Stätten des Blutbads zum Abschluß. Diese Idee stirbt am Krieg. Oder besser, sie stirbt daran, in diesem hyperbolischen Krieg ihre karikaturistische Apotheose gefunden zu haben.

»Wir Kulturvölker, wir wissen jetzt, daß wir sterblich sind«, schreibt Paul Valéry 1919. Mit diesen ernsten Worten kennzeichnet er die Zäsur und nimmt auch er zur Kenntnis, daß die von der blutigen Katastrophe eingeleitete Epoche vom geschichtsorientierten 19. Jahrhundert

---

[11] Franz Rosenzweig, zitiert nach Stéphane Mosès, *System und Offenbarung. Die Philosophie Franz Rosenzweigs*, München 1985, S. 35.

abgetrennt ist. Am Ende des ersten Weltkrieges kann man nicht mehr in aller Seelenruhe behaupten: Das Wirkliche ist immer vernünftig, denn das Unvernünftige selbst ist notwendig für die Verwirklichung der Vernunft. Die Dialektik bleibt stecken oder dreht durch. Denn in Wirklichkeit ist beim Aufwallen der nationalen Leidenschaften weder eine sichtbare noch eine versteckte Vernunft am Werk, sondern vielmehr eine, die den Verstand verloren zu haben scheint. Die Zivilisation und die Kultur sehen sich in der abstrakten Grausamkeit der Materialschlachten und ihrer Stahlgewitter aufs Spiel gesetzt. Dem Herzensschrei Renans – »ich, der ich kultiviert bin, finde in mir nichts Böses«[12] – stellt Valéry in seinem Text eine hoffnungslose Diagnostik entgegen. »Soviel Schreckliches wäre nicht möglich gewesen ohne so vorzügliche Eigenschaften. Es bedurfte zweifellos vielen Wissens, um in so kurzer Zeit so viele Menschen zu töten, so viele Güter zu verschwenden, so viele Städte zu vernichten; aber nicht weniger bedurfte es dazu *sittlicher Kräfte*. Wissenschaft und Pflicht, seid auch ihr nun verdächtig?«[13] Sogar die komplexere und weiterentwickelte Hegelsche Ausprägung des Optimismus der Aufklärung ist nicht mehr akzeptabel. Nach diesem Ereignis verbietet es sich, den gewaltigen Fortschritt der menschlichen Fähigkeiten und Kenntnisse zum Fortschritt der Menschheit zu hypostasieren. Statt Instrument der Tugend zu sein, hat der Schrecken die Tugend in Dienst genommen. Statt die Welt vermittels der Unvernunft zu regieren, haben sich die Vernunft und die Erfindungen der Wissenschaft von der Barbarei mobilisieren lassen. Das zivilisierte

---

[12] Ernest Renan, *L'Avenir de la science*, S. 1011.
[13] Paul Valéry, *Die Krise des Geistes. Essay*, Wiesbaden 1956, S. 6.

Europa hat als Vollendung seiner geschichtlichen Mission die europäische Zivilisation verwüstet.

Die Idee der geschichtlichen Vernunft stirbt jedoch nicht für alle. Auch wenn Valéry und Rosenzweig verkünden – der eine mit einer gewissen Emphase, der andere fieberhaft –, daß der Weltkrieg die Anmaßung der Geschichte, menschlicher Erfahrung Sinn zu geben, zerstört hat: Sie reden ins Leere. Nicht etwa, daß die gefühllosen oder unerschütterlichen Europäer das große Massaker achselzuckend zur Kenntnis nehmen. Aber die Geschichte wird zum Unglück für das Jahrhundert letztendlich gestärkt und sogar erhöht aus der Rebellion gegen den Krieg hervorgehen.

»Die Tage vor und nach dem Ersten Weltkrieg«, schreibt Hannah Arendt, »sind nicht voneinander getrennt wie das Ende einer alten Epoche vom Anfang einer neuen, sondern eher wie der Vorabend und der darauffolgende Tag einer Explosion. Doch wie alle rhetorischen Bilder ist auch dieses ungenau, denn die Ruhe der Trauer, die nach großen Katastrophen sich über eine Unglücksstätte senkt, ist bis heute ausgeblieben. Die erste Explosion war wie der Starter einer Kettenreaktion, die uns seitdem in ihrem Bann hält und die bis heute nicht zum Halten gebracht werden konnte.«[14] Erste Reaktion dieser endlosen Kette ist die Russische Revolution. Der Krieg hat der bolschewistischen Partei 1917 erlaubt, die Macht zu übernehmen, und der Schrei der Revolution gegen den Krieg hat der Eroberung des Winterpalais ihren umgehend universalen Charakter ver-

---

[14] Hannah Arendt, *L'Impérialisme*, Fayard 1982, S. 239. Die deutsche Fassung weicht stark von der französischen und englischen ab, so daß die hier zitierte Passage neu übersetzt wurde. (Vgl. Hannah Arendt, *Elemente und Ursprünge totaler Herrschaft*, S. 422), (A. d. Ü.).

liehen. Nachdem sie seit Ausbruch der Feindseligkeiten den »Sozialchauvinismus« der Mitglieder der Zweiten Internationalen angeprangert haben, symbolisierten die Männer der Oktoberrevolution »im nachhinein die Tugenden und die Mission, die im August 1914 verraten wurden.«[15] Für alle Sozialisten, die ihre Überzeugungen der Verteidigung ihres Vaterlandes geopfert hatten, verkörperten sie die objektive Vergeltung dieser dem Götzen des Patriotismus geopferten Überzeugungen. All denen, die das Gefühl haben – und vor allem nach vier Jahren Blutbad –, sich vom Traum des Abenteuers oder von der nationalen Propaganda irregeführt haben zu lassen, bietet dieser weit entfernte Staatsstreich die Gelegenheit, sich zu versöhnen und einen positiven Ausweg aus ihrem Ekel oder ihren Gewissensbissen zu finden. Der im Osten aufgehende Lichtschein hat das unverhoffte Aufscheinen des Sinnhaften. Der Krieg erzeugt eine Revolution, die wiederum diesem sinnlosen Ereignis die doppelte Bestimmung der verdienten Buße und des Vorboten des Untergangs verleiht. Die gute Nachricht, die ihm folgt, führt die Katastrophe wieder in die Geschichte der Vernunft ein. Das große Massaker wird vom großen Oktobertag, den es erst ermöglicht hatte, der Finsternis entrissen. Nicht weinen, Valéry!, sagt Lenin: »Die kapitalistische Gesellschaft ist immer ein Schrecken ohne Ende gewesen und wird es bleiben. Und wenn jetzt der momentane Krieg, der von allen Kriegen der reaktionärste ist, dieser Gesellschaft ein Ende voller Schrecken bereitet, dann haben wir nicht den geringsten Grund zu verzweifeln.«[16] Wir anderen barbarischen Zivilisationen,

---

[15] François Furet, *Das Ende der Illusion*, S. 130.
[16] Lenin, zitiert nach Dominique Colas, *Le Léninisme*, PUF 1986, S. 66.

wir wissen jetzt, daß wir sterben müssen, um den Platz einmal der wahren Zivilisation zu überlassen.

Nicht alle sind gleichermaßen schroff. Doch es bleibt unbenommen, daß die Vorhersagen Rosenzweigs Lügen gestraft worden sind: Statt eine post-hegelianische Epoche zu sein, ist das 20. Jahrhundert unter die Vorherrschaft des Hegelianismus geraten, der nicht mehr im Niedergang begriffen und kontemplativ, sondern vielmehr im Aufbruch begriffen, aktiv, ja sogar enthemmt ist. Die Geschichte ist 1914 nur deshalb zusammengebrochen, um dem Historizismus 1917 eine bisher niemals erreichte Macht der Verführung, der Illusion und der Verwüstung zu geben. Das Bild der schmerzhaften Geburt des Guten hat das Gefühl der Katastrophe wieder behoben. Das Lächeln der Philosophie wurde von den Protesten des Individuums oder, wie Rosenzweig sagt, des »privaten Subjekts, ein Vor- und Zuname«, nicht aus dem Feld geschlagen; es ist in den unzähligen Gesichtern derjenigen zur Grimasse erstarrt, die dem Engel der Vernunft ihre Bedenken geopfert und ihre unermüdliche Energie aus der Gewißheit geschöpft haben, den Sinn der Geschichte zu befördern. Die vom Krieg erschütterte Idee eines vernünftigen Universums wurde durch die Revolution wieder gefestigt. Und wenn von einem Ende der Philosophie die Rede sein kann, dann nicht, insofern das Sein ihrem Zugriff entweichen würde, sondern ganz in Gegenteil, insofern sie sich von nun an mit der Wirklichkeit vereint zu haben scheint. Das Wirkliche und das Vernünftige, von denen man annahm, sie stünden miteinander auf Kriegsfuß, versöhnen sich im grandiosen Schauspiel eines Erlösungsepos. Kurzum, die Katastrophe der Geschichte belebt den Geschichtsbegriff, und der Geschichtsglaube verschlimmert die Katastrophe, indem er sie zugleich verdeckt. Das ist die dem Jahrhundert zugrundeliegende Ironie.

Der sich ein anderes Paradox, eine andere schmerzhafte Ironie hinzufügt: Das Ansehen und der Aufstieg Lenins 1918 rühren zum großen Teil von seinem radikalen Pazifismus her. Während der Mann, dessen Lachen so sehr von den Fischern von Capri geschätzt wurde, die Revolution gegen den Krieg wendet, richtet er im selben Moment seine Idee und die Durchführung der Revolution am Modell des – oder besser *dieses* Krieges aus. Er bewundert Clausewitz, aber im Gegensinn: Mit seiner berühmten Formulierung sagt der große preußische Offizier, daß »der Krieg nicht bloß ein politischer Akt, sondern wahres politisches Instrument« sei, »eine Fortsetzung des politischen Verkehrs, ein Durchführen desselben mit anderen Mitteln.«[17] Und das bedeutet, daß der kriegerische Akt kein isolierter ist. Der Handel zwischen den Nationen hört nicht auf, wenn die Waffen sprechen. Weil sie sich in eine Kontinuität einfügt, bleibt die gewalttätige Phase der staatlichen Beziehungen den Absichten und Interessen außerhalb der militärischen Logik unterworfen. Weshalb in der Regel die bewaffneten Konflikte nicht von Gesetzmäßigkeiten gelenkt werden, welche die Kräfte bis zum Äußersten vorantreiben. In der Regel, nicht aber, wie wir gesehen haben, im besonderen Fall des Krieges von 1914. Der hat seine Protagonisten getäuscht. Zu einem »frischen und fröhlichen« Ausflug aufgebrochen, fanden sie sich in der Gefangenschaft eines endlosen Konflikts wieder, der die totale Mobilmachung der Bevölkerungen und Industrien erforderte. Dem totalen Krieg der absolute Sieg. »[...] die Entwaff-

---

[17] Carl von Clausewitz, *Vom Kriege*, Stuttgart 1994, S. 39.

nung des Feindes und der diktierte und nicht der ausgehandelte Frieden dienten ihnen als Kriegsziele.«[18] Es hat sich dann das eingestellt, was passiert, sagt uns Clausewitz, wenn der Kampf nicht mehr vom »Willen einer leitenden Intelligenz« geführt wird: Der Krieg hat den Platz der Politik eingenommen. Als »selbständiges Ding«, als »vollkommener, ungestörter Akt« ist er seinen eigenen Gesetzen gefolgt, »so wie eine Mine, die sich entladet, keiner andern Richtung und Leitung mehr fähig ist, als die man ihr durch vorbereitende Einrichtungen gegeben.«[19]

Sogar während er sich auf Clausewitz beruft und diesen imperialistischen Krieg ohne Unterlaß brandmarkt, treibt Lenin die Umkehrung des clausewitzschen Dogmas bis zu ihrem Ende voran. Der von der Politik emanzipierte Krieg wird von ihm im wesentlichen aus der Politik selbst begründet. Der Klassenkampf zerreißt auf diese Weise die bei Marx noch gegebenen Bindungen an die klassischen Formen der Feindschaft oder der Zwietracht, um Ausdruck absoluter Gewalt, Strategie der Vernichtung und Steigerung bis ins Extreme zu werden. Früher hatte der militärische Feind eine politische Realität, doch der politische Feind Lenins ist nichts anderes mehr als das Objekt eines militärischen Willens zur Zerstörung. »Die sozialen Prediger und die Opportunisten haben immer die Neigung, vom friedlichen Sozialismus der Zukunft zu träumen. Von den revolutionären Sozialdemokraten unterscheiden sie sich allerdings in dem Punkt, daß sie nicht dazu bereit sind, den unerbittlichen Klassenkampf und die Kriege zwischen

---

[18] Raymond Aron, *Frieden und Krieg. Eine Theorie der Staatenwelt*, Frankfurt am Main 1963, S. 39.
[19] Carl von Clausewitz, *Vom Kriege*, S. 38.

den Klassen in Betracht zu ziehen, welche notwendig sind, um diese herrliche Zukunft zu verwirklichen.«[20]

Es eröffnet sich eine Periode, in der die Einmischung nicht mehr nur Eingriff in den öffentlichen Raum ist, sondern Griff zu den Waffen: Die Teilung der Welt in zwei Lager verwaltet die menschliche Vielfalt, der Kämpfer begreift sich als Militär, der Intellektuelle tut alles, was ihm möglich ist, um das Defizit des Diskurses in der Macht des Feuers aufgehen zu lassen. Die Worte sind Geschosse, und der Kampf bis in den Tod wird für Wort und Handlung zur einzigen Vorlage. Bejubelt für seinen Pazifismus, führt Lenin in die Konflikthaftigkeit der Friedenszeit die dem totalen Krieg innewohnende Brutalität, Radikalität und Maßlosigkeit ein. Die Revolution selbst geht aus dem Krieg hervor, den sie anprangert. Ihr Ehrgeiz ist die Vernichtung des Feindes, und ihr Ideal die Einheit einer Armee in Schlachtordnung.

»Nehmen wir die moderne Armee«, schreibt Lenin in einem Text, der dem »Sozialchauvinismus« gewidmet ist und die Überschrift trägt: *Der Bankrott der Zweiten Internationalen*. »Hier sehen wir ein gutes Beispiel der Organisation. Und diese Organisation ist nur aus dem Grund gut, weil sie einerseits flexibel ist und es andererseits vermag, Millionen von Menschen einen einzigen Willen aufzuerlegen. Heute sind diese Millionen von Menschen in allen Teilen der Welt noch bei sich zuhause. Morgen trifft der Befehl zur Mobilmachung ein, und sie kommen in den Sammelpunkten zusammen. Heute sind sie in den Schützengräben, manchmal monatelang. Morgen unternehmen sie in anderer Anordnung einen Sturmangriff. Heute leisten sie Großartiges und gehen vor den Kugeln und *Schrap-*

---

[20] Lenin, zitiert nach Dominique Colas, *Le Léninisme*, S. 64.

nellgeschossen in Deckung. Morgen leisten sie Großartiges und kämpfen ohne Deckung. Heute gräbt die Vorhut unterirdische Minenkammern aus; morgen bewegen sie sich – den Hinweisen der Piloten folgend, die die Erde überfliegen – einige Dutzend Werst weiter. Ja, so etwas nennt man Organisation, wenn Millionen von Menschen im Namen ein und desselben Willens ihre Beziehungs- und Handlungsformen ändern, wenn sie Einsatzort und Art der Tätigkeit ändern und gemäß den Umständen und Anforderungen des Kampfes ihre Werkzeuge wechseln.«[21]

Nicht mehr als gewaltige Menschenansammlung, sondern als gigantisches Bataillon; nicht mehr als kakophone Masse, sondern als homogene und beängstigend harmonische Struktur; auch nicht mehr als unkontrollierbare Menge, sondern als vielgestaltiges, lenkbares und diszipliniertes Wesen tritt die Menschheit im *totalen* Krieg hervor, der dann stattfindet, wenn sämtliche Existenz in Energie umgewandelt und jedes Individuum – von der Fabrik bis zur Front – darauf reduziert ist, nur noch ein Teil des Apparates, ein Fragment des einen Willens, ein Rad im Getriebe zu sein. Die politischen Bewegungen, die diese Erscheinung zum höchsten Wert erhoben haben, kann man *totalitär* nennen. Dies ist der Fall im Leninismus und seinem »Nieder mit dem Krieg! Es lebe die Armee!« Dies ist auch der Fall im Nationalsozialismus: Die rückwärtsgewandte Kritik an der liberalen Gesellschaft ist davon nicht weniger betroffen als ihre utopische und egalitäre Version.

Es hatte der Traumatisierung durch die Niederlage bedurft, damit unter den deutschen Rechtsextremen das traditionalistische Thema der gefallenen Menschheit vom

---

[21] Lenin, zitiert nach Dominique Colas, *Le Léninisme*, S. 101.

modernen Feindbild endgültig verdrängt wurde. Als die *Protokolle der Weisen von Zion* 1920 in einem vom Versailler Vertrag gedemütigten Deutschland in Umlauf kamen, wurden sie wie eine Offenbarung aufgenommen. »In Berlin wohnte ich mehreren Versammlungen bei, die ganz den *Protokollen* gewidmet waren. Als Redner trat gewöhnlich ein Professor, ein Lehrer, ein Redakteur, ein Rechtsanwalt oder dergleichen auf. Die Zuhörerschaft bestand aus Angehörigen der gebildeten Klasse, Beamten, Kaufleuten, ehemaligen Offizieren, Damen und hauptsächlich Studenten, Studenten aller Fakultäten und Semester. [...] Die Leidenschaften wurden bis zur Siedehitze aufgepeitscht. Da hatte man sie ja leibhaftig vor sich, die Ursache aller Übel, die Anstifter des Krieges, die Urheber der Niederlage, die Macher der Revolution, die das ganze Elend über uns heraufbeschworen hatten. Dieser Feind war in der nächsten Nähe, mit Händen zu greifen, und dennoch war das ein Feind, der im Dunkeln schlich, und es graute einem bei dem Gedanken, was er im Schilde führte.«[22] Weil das Oberkommando niemals eine Niederlage bekannt gegeben hatte, erfuhren die Deutschen, daß sie den Krieg »siegreich« verloren hätten, wobei ihre Truppen immer noch eine durchgehende Front sowohl in Belgien als auch in Frankreich bildeten. Die *Protokolle* verbreiten demnach gerade zum rechten Zeitpunkt die »Dolchstoßlegende«. Man weiß durch sie, wer zugestoßen hat. Man kennt den Schuldigen des Waffenstillstandes, der am 9. November 1918 von einem »auf eigenem Boden unbesiegten Deutschland« unterschrieben wurde. »Und in dem Moment«, eröffnet Hitler in *Mein Kampf,* »entstand in mir

---

[22] Norman Cohn, *Die Protokolle der Weisen von Zion*, S. 175.

der Haß, Haß auf die Urheber dieser Geschehnisse.« Nachdem er *Führer* seines Volkes geworden war, wählte der »unbekannte Soldat des Ersten Weltkrieges« – so nannte er sich gerne – den 9. November 1938, um als Antwort auf die Ermordung eines Botschaftsrats in Paris den großen Brand der Synagogen und jüdischen Geschäfte ausbrechen zu lassen, der unter dem Namen Kristallnacht bekannt wurde.

Die Schmach von 1918 hat demnach die »Ideen von 1914« ausgelöscht. Der Kampf Deutschlands wird nicht mehr motiviert durch die Zurückweisung des Prinzips der Französischen Revolution im Namen der Trinität von Ordnung, Pflicht und Gerechtigkeit, sondern durch die Verherrlichung der Gewalt und die Ideologie des Willens angesichts eines planetarischen Feindes.

Aber der Krieg hat auch noch eine andere antireaktionäre Auswirkung auf das antidemokratische Denken gehabt: Im Stahl der Kämpfe getränkt, tritt das Heimweh aus ihnen vollkommen unerkennbar hervor. Die Erfahrung der Front bildet für diejenigen, die sie durchgestanden haben, einen neuen verlorenen Schatz und einen neuen politischen Horizont: Die Brüderlichkeit der Schützengräben ersetzt in ihren Herzen die ehedem dörfliche und agrarische Welt. Den demoralisierenden Wirkungen des zivilen Lebens ausgesetzt, lehnen die Soldaten sich gegen das Unglück der Trennung auf und befürworten eine Rückkehr zum Ursprung, um die Lockerung der gemeinschaftlichen Bande zu beheben. Sie stellen immer die konkrete, organische und authentische, wesentliche und lebendige *Gemeinschaft*[23] der *Gesellschaft*[24] gegenüber, die bürgerlich, kalt,

---

[23] Im Original deutsch (A. d. Ü.).
[24] Im Oberiginal deutsch (A. d. Ü.).

mechanisch und abstrakt ist, die auf Vertrag gründet, allein der Methode vertraut, alles, was nicht Berechnung ist, ausschließt und die als menschliche Beziehung nur Egoismus und Gewinnstreben fortbestehen läßt. Aber der beschworene Ursprung ist ganz nah, denn der Bezug der Gemeinschaft ist jetzt das Schlachtfeld und nicht mehr die vorindustrielle Landschaft. Und das Bild der Kornfelder selbst ist durch die Erinnerung an die Schlachtfelder modernisiert: Es gibt nichts Bukolisches mehr in ihrer Erinnerung, nichts Virgilisches in der Hymne, deren Gegenstand sie sind, nichts Rückständiges im Enthusiasmus, mit dem sie sich feiern. In *Der Arbeiter* schreibt Ernst Jünger: »Der Acker, der mit Maschinen bewirtschaftet und mit dem künstlichen Stickstoff der Fabriken gedüngt wird, ist nicht derselbe Acker mehr. Daher ist es auch nicht wahr, daß die Existenz des Bauern zeitlos ist und daß die großen Veränderungen wie Wind und Wolken über seine Scholle ziehen. Die Tiefe der Revolution, in der wir begriffen sind, weist sich gerade dadurch aus, daß sie selbst die Urstände zerbricht.«[25]

Die Idee der Revolution bemächtigt sich der Konterrevolution, wenn der Kult der Technik sogar auf dem Land dem Kult des Agrarischen nachfolgt. Wie George Orwell 1941 schreibt, konnte man mit gutem Recht *bis 1914* die »Serie von Siegen, die der wissenschaftliche über den romantischen Menschen erringt«[26], als geschichtlichen Fortschritt begrüßen. Denn während des gesamten neunzehnten Jahrhunderts und sogar am Anfang des zwanzigsten wurde die

---

[25] Ernst Jünger, *Der Arbeiter*, S. 167, vgl. auch Jeffrey Herf, *Reactionary Modernism, Technology, Culture, and Politics in Weimar and the Third Reich*, Cambridge, Cambridge University Press 1984.

[26] George Orwell, *Im Innern des Wals. Erzählungen und Essays*, Zürich 1975, S. 169.

Gesellschaft regiert von »engstirnigen, zutiefst unneugierigen Leuten [...], raubgierigen Geschäftsleuten, trägen Landjunkern, Bischöfen und Politikern, die wohl Horaz zitieren konnten, aber nie etwas von Algebra gehört hatten. Wissenschaft war leicht anrüchig und religiöser Glaube obligatorisch. Traditionalismus, Dummheit, Hochnäsigkeit, Patriotismus, Aberglaube und Kriegsliebe schienen alle auf einer Seite zu sein.«[27] Im Jahre 1914 wurden die Karten neu gemischt, doch hierbei sind die Befürworter des Fortschritts so wie H. G. Wells, der damals berühmteste englische Intellektuelle, stehengeblieben bei der angenommenen Antithese zwischen »dem Wissenschaftler, der auf einen geplanten Weltstaat hinarbeitet, und dem Reaktionär, der eine ungeordnete Vergangenheit wiederherzustellen versucht. [...] Auf der einen Seite stehen Wissenschaft, Ordnung, Fortschritt, Internationalismus, Flugzeuge, Stahl, Beton, Hygiene – auf der anderen Krieg, Nationalismus, Religion, Monarchie, Bauern, Griechischprofessoren, Dichter und Pferde.«[28] Resultat: Hitler wurde von diesem entschlossenen Gegner des Vergangenen, dem Autor von *Die Zeitmaschine* wahrgenommen als »eine Absurdität, ein Gespenst aus der Vergangenheit, eine Kreatur, die dazu verdammt ist, fast augenblicklich wieder zu verschwinden.«[29] Da Wells mit einem unerschütterlichen Optimismus am Gleichheitszeichen festhielt, das man in der Vorkriegszeit zwischen Wissenschaft und gesundem Menschenverstand gestellt hatte, wollte er nicht sehen, daß Nazideutschland »viel wissenschaftlicher ausgerichtet [war]

---

[27] George Orwell, *Im Innern des Wals*, S. 171.
[28] George Orwell, *Im Innern des Wals*, S. 169.
[29] George Orwell, *Im Innern des Wals*, S. 170.

als England – und viel barbarischer.«[30] Wissenschaftlich *und* barbarisch: dies ist die Definition des Staates, der sowohl in Friedens- als auch in Kriegszeiten jeden zu einem Teil der Maschine macht und das Schicksal des Unbekannten Soldaten zur universalen Berufung erhebt.

Noch während sie sich bekämpfen, kommen auf diese Weise Heimweh und Hoffnung im totalitären Drang zu einem Regime wieder zusammen, in dem alle Menschen nur noch eine Einheit bilden werden. Was Hannah Arendt am Ende ihrer großen Untersuchung zu sagen veranlaßt: »Menschen, sofern sie mehr sind als reaktionsbegabte Erfüllungen von Funktionen, deren unterste und daher zentralste die rein tierischen Reaktionen bilden, sind für totalitäre Regime schlechterdings überflüssig. Worum es ihnen geht, ist nicht, *ein despotisches Regime über Menschen zu errichten, sondern ein System, durch das Menschen überflüssig gemacht werden.*«[31]

Für ein solches System sind die Konzentrationslager vielleicht nicht von wirtschaftlichem Nutzen, wohl aber von ontologischer Notwendigkeit. Denn um die Herrschaft des einen Willens sicherzustellen, müssen sowohl der Feind des Menschen als auch die dem Menschen eigene Spontaneität, Einzigartigkeit, Unvorhersehbarkeit, mithin alles, was den einzigartigen Charakter einer menschlichen Person ausmacht, mit einem Mal liquidiert werden. Die Todesfabriken sind nicht minder *Laboratorien der Menschheit ohne Menschen*. Sie stammen gleichermaßen aus der radikalen Utopie wie aus der extremen Politik und erstre-

---

[30] George Orwell, *Im Innern des Wals,* S. 170.
[31] Hannah Arendt, *Elemente und Ursprünge totaler Herrschaft,* S. 698 (Hervorhebung von mir; A.F.).

ben – über die *physische* Vernichtung des Feindes hinaus – das *metaphysische* Verschwinden des Vielfältigen im Einen. »Die Gesellschaft wähnt sich allein, aber es gibt jemanden«, schrieb Artaud. »Solange es noch jemanden gibt, ist die Menschheit unvollkommen«, verkündet umgekehrt, welcher Couleur auch immer, der Sozialismus der Konzentrationslager. Außerdem produziert er zwei Kadavertypen: die toten und die lebendigen Kadaver, diese »mit wirklichen, menschlichen Gesichtern ausgestatteten Marionetten«[32], diese anonyme und ständig erneuerte Masse, diese unpersönlichen Personen, in denen der göttliche Funke erloschen ist und von denen Primo Levi in seinem Buch *Ist das ein Mensch?* sagt, daß sie seine Erinnerung mit ihrer gesichtslosen Gegenwart bevölkern: »[...] und könnte ich in einem einzigen Bild das ganze Leid unserer Zeit einschließen, würde ich dieses nehmen, das mir vertraut ist: Ein verhärmter Mann mit gebeugter Stirn und gekrümmten Schultern, von dessen Gesicht und Augen man nicht die Spur eines Gedankens zu lesen vermag.«[33]

Eine Müdigkeit, die so schwer zu tragen ist, daß der Selbsterhaltungsinstinkt darunter zusammenbricht und sogar die wenige Kraft fehlt, die nötig ist, um sein »Ich« gegen den unbarmherzigen Tod herauszuschreien: Dieses Böse unserer Zeit findet man in *Schocktherapie* von Warlam Schalamov, dem großen Erzähler der anderen Erfahrung der Lager. Ein Beispiel: die Geschichte des jungen Dugajew, der im Steinbruch arbeiten muß, aber trotz seiner Anstrengungen nicht die verlangten Normen erreicht. Am Ende eines Arbeitstages holen ihn die Soldaten, um ihn

---

[32] Hannah Arendt, *Elemente und Ursprünge totaler Herrschaft*, S. 696.
[33] Primo Levi, *Ist das ein Mensch?*, S. 108.

hinzurichten. »Als Dugajew begriff, wie ihm geschah, bedauerte er, daß er umsonst gearbeitet und sich umsonst abgequält hatte an diesem seinem letzten Tag.«[34]

Wegen eines unglücklichen Satzes von Adorno, auf den er übrigens an anderer Stelle zurückgekommen ist, findet sich immer jemand, um sich düster zu fragen, ob es nach Auschwitz überhaupt noch möglich sei, Gedichte zu schreiben. Die ursprünglich von der Verzweiflung eingegebene Formulierung ist mit der Zeit zum mondänen Automatismus geraten, und sie beschert uns heute endloses Geschwätz über den Zusammenbruch der Kultur nach Auschwitz oder über die Stummheit der Überlebenden. Doch wenn es für die Überlebenden mit literarischer Begabung tatsächlich etwas Unmögliches gab, so war es *keine Erzählungen zu schreiben*. Sie brauchten das Erzählen nicht so sehr aus autobiographischer Dringlichkeit heraus, vom Selbsterlittenen Zeugnis abzulegen, sondern aus einer irgendwie *heterobiographischen* Notwendigkeit, für die Verschwundenen Zeugnis abzulegen und sie ihrem anonymen Schicksal zu entreißen. Und so feindselig sie jeglicher Ästhetisierung gegenüber eingestellt sein mag, ist diese von den Toten eingeforderte unabweisbare Notwendigkeit, ihnen literarischen Beistand zu geben, noch immer von Dichtung abhängig. Wie Solschenizyn eindrucksvoll schreibt, ist der einzige Ersatz für die Erfahrung, die wir nicht haben leben können, die Kunst, die Literatur. »Von Mensch zu Mensch, sein kurz bemessenes Erdenleben erfüllend, überträgt die

---

[34] Warlam Schalamow, *Schocktherapie. Kolymageschichten*, Berlin 1990, S. 92.

Kunst die ganze Fracht fremder lebenslanger Erfahrung mit allem Gewicht, allen Farben und Säften, erschafft sie aufs neue die von Anderen gemachte Erfahrung – und bewirkt, daß man sie als eine eigene annimmt.«[35] Die Formulierung Adornos muß demnach umgekehrt werden: Ohne die Kunst, ohne die Dichtung wäre uns das tiefgehende Verständnis dessen, was in Auschwitz oder in Kolyma auf dem Spiel stand, ein für allemal verschlossen.

Exemplarisch ist in dieser Hinsicht die Geschichte des kleinen Hurbinek, die Primo Levi in *Die Atempause* erzählt. »Hurbinek war ein Nichts, ein Kind des Todes, ein Kind von Auschwitz. Ungefähr drei Jahre alt, niemand wußte etwas von ihm, es konnte nicht sprechen und hatte keinen Namen: den merkwürdigen Namen Hurbinek hatten wir ihm gegeben: eine der Frauen hatte mit diesen Silben vielleicht die unartikulierten Laute, die der Kleine manchmal von sich gab, gedeutet. Er war von den Hüften abwärts gelähmt, und seine Beine, dünn wie Stöckchen, waren verkümmert; aber seine Augen, eingesunken in dem ausgezehrten dreieckigen Gesicht, funkelten erschreckend lebendig, fordernd und voller Lebensanspruch, erfüllt von dem Willen, sich zu befreien, das Gefängnis der Stummheit aufzubrechen. Die Sehnsucht nach dem Wort sprach mit explosiver Dringlichkeit aus seinem Blick, einem wilden und zugleich menschlichen Blick, den niemand von uns ertragen konnte, so sehr war er durchdrungen von Kraft und Leid.«[36]

In der Krankenstation, wo er sich mit Primo Levi und

---

[35] Alexander Solschenizyn, *Nobelpreisrede über die Literatur 1970*, München 1974, S. 35.
[36] Primo Levi, *Die Atempause*, München 1991, S. 20.

einer Menge anderer Kranker nach der Befreiung von Auschwitz durch die Rote Armee wiederfand, gelang es Hurbinek dennoch ein Wort herauszubringen: etwas wie »Masseklo« oder »Matisklo«. War es der eigene Name? Was sagte er? Obwohl es um Hurbinek Vertreter aller Nationen Mitteleuropas gab, offenbarte das Wort sein Geheimnis nicht, und »Hurbinek, drei Jahre alt und vielleicht in Auschwitz geboren, Hurbinek, der nie einen Baum gesehen hatte und der bis zum letzten Atemzug gekämpft hatte, um Zutritt in die Welt der Menschen, aus der ihn eine bestialische Macht verbannt hatte, zu erhalten; Hurbinek, der Namenlose, dessen winziges Ärmchen doch mit der Tätowierung von Auschwitz gezeichnet war – Hurbinek starb in den letzten Tagen des März 1945, frei, aber unerlöst. Nichts bleibt von ihm: Er legt Zeugnis ab durch diese meine Worte.«[37]

Hurbinek, jenes Kind ohne Herkunft und Sprache, war dazu bestimmt, einen gleichgültigen Tod ohne viel Aufhebens zu sterben. Keine einzige Spur seines kurzen Aufenthaltes auf Erden hatte bewahrt werden sollen. Der Bericht in *Die Atempause* vereitelte diesen Plan: Gewiß, nichts bleibt von dem Kind, das nichts war, aber durch die Worte, mit denen er seine winzige Geschichte ausstattet, gibt Primo Levi diesem kleinen unmerklichen Tod seine einzigartige Physiognomie und der schwachen Andeutung des Lebens, die das seinige war, ihre Menschlichkeit und ihre Unwiederbringlichkeit. Hurbinek hatte gar nicht erst die Zeit, ein Mensch zu sein, geschweige denn, eine verbale Existenz zu erreichen, doch war er bereits »ein besonderes Individuum, eine Person, ein einzigartiges, unwiederbring-

---

[37] Primo Levi, *Die Atempause*, S. 21.

liches Wesen, wofür es keinen Ersatz gibt.« Die Grabschrift von Michelet für den Herzog von Orleans, der von den Burgundern ermordet wurde, gilt auch für den Namenlosen, der im Alter von drei Jahren im Lager von Auschwitz gestorben ist: »Nichts dergleichen zuvor, nichts dergleichen hernach; Gott wird nicht von vorne beginnen. Andere werden kommen, ohne Zweifel; die unerschöpfliche Welt wird anderen, vielleicht besseren Personen zum Leben verhelfen, doch niemals, niemals mehr einer vergleichbaren.«[38]

Die Menschen bilden in der Welt durch ihre Gleichheit, also Menschlichkeit, und durch ihre Verschiedenheit, also Individualität eine Gemeinschaft von Ausnahmen. Umgekehrt wird jedoch in den Lagern erfahren, wie die Individuen zu einer kompakten und anonymen Totalität umgeschmolzen werden: Nichts von alldem, was einen Menschen von einem anderen Menschen abhebt, hat dort noch Bürgerrecht. Das Zusammenpferchen in den Viehwaggons, die Schläge, der Hunger, die Entziehung des Wortes, der geschorene Kopf, die eintätowierte Nummer, es wird alles getan, um die einmalige Identität eines jeden zu vernichten, damit der Mensch nur noch übrigbleibt als Organfunktion einer einzigen menschlichen Gattung.

Um diesen Prozeß umzukehren, nutzen Warlam Schalamov und Primo Levi ihre Erinnerung als Überlebende. Als genaue Erzähler und unermüdliche Fährleute holen oder bringen sie die Menschen, die sie im Konzentrationslager gekannt haben, auf die Welt zurück; stellen wieder her, was

---

[38] Jules Michelet, *Histoire de France. Le Moyen Age*, Robert Laffont 1981, S. 629, A. d. Ü.: Die Begriffe »vergleichbar« und »Mitmensch« lauten im Französischen beide »semblable«. Die Pointe des Zitats liegt für Finkielkraut darin, daß das Wesen der Mitmenschen (semblables) darin besteht, nicht vergleichbar (semblable) zu sein.

an jedem von ihnen das einfache Muster der Gattung überschreitet, sogar wenn sich diese Transzendenz wie bei Hurbinek auf einen verzweifelten Kampf reduziert, in den menschlichen Kreis des Gesprächs einzutreten.

FÜNFTES KAPITEL

Die humanitäre Wiedergutmachung

Wenn man das Böse des zwanzigsten Jahrhunderts halbwegs begreifen will, kann man nicht jeglichen Vergleich zwischen Hitlers Nationalsozialismus und Stalins Kommunismus *a priori* als skandalös beurteilen. Doch wenn man dieses totalitäre Verwandtschaftsverhältnis für bare Münze nimmt, statt sich darüber zu empören, hat man ebensowenig verstanden.

Aleksander Wat wurde am 1. Mai 1900 in Polen geboren. Unmittelbar nach dem Ersten Weltkrieg ließen die beiden großen Träume – künstlerische Freiheit und soziale Gerechtigkeit – den von Majakowski bewunderten futuristischen Dichter zur kommunistischen Partei eilen. »Neu, neu, neu ist der Stern des Kommunismus«, hätte er mit Vladislav Vančura, dem tschechischen Romanschriftsteller der Avantgarde, sagen können, »und außerhalb von ihm«, hätte er noch hinzufügen können, »gibt es keine Modernität.«[1]

Von daher die tiefe Verwunderung, der Schmerz und die Verwirrung des Dichters, als er ab Anfang der dreißiger Jahre die Ähnlichkeit entdeckt zwischen dem einen System, das sich als Antithese des europäischen Humanismus ausgibt, und dem anderen, das für sich den Anspruch erhebt, diesen zu vollenden. In *Mein Jahrhundert*, einem ein-

---

[1] Milan Kundera, *Die Kunst des Romans*, Frankfurt am Main 1996, S. 148.

drucksvollen und großartigen Buch, bestehend aus Gesprächen mit Czesław Miłosz, fragt sich Aleksander Wat unaufhörlich nach dem abscheulichen Mysterium dieser Affinität. Am Anfang stand das Sprichwort: »Wer auch immer dem Kommunismus beitrat, mußte mit dem leninistischen Grundsatz einverstanden sein, daß man kein Omelett zubereiten kann, ohne Eier zu zerschlagen.«[2] Diese kulinarische Metapher illustriert dem Anschein nach das harte *Gesetz des zu zahlenden Preises:* Man muß sehr wohl Gewalt anwenden und sich sogar mit einigen Fehlern abfinden, wenn man die klassenlose Gesellschaft aus der Taufe heben will. Aber wörtlich genommen ist das leninistische Diktum noch um einiges grausamer: Die zerschlagenen Eier sind nicht das Gegenstück zum endgültigen Omelett, sondern vielmehr dessen Substanz. Im Gegensatz zum zerschlagenen Porzellan sind sie keine unvermeidlichen Schäden, sondern unverzichtbare Bestandteile. Denn je mehr Eier es gibt, um so schöner wird das Omelett. Und dies sagt auch Wat: »Diese ganze Grausamkeit, dieses ganze von der Revolution vergossene Blut. Diese Roheit, die zum Vorschein kommt, all das sprach sich für den Kommunismus aus. [...]. Was muß diese Sache groß und rein sein, für die man derart viel Blut vergießt – noch dazu unschuldiges Blut! Das wirkte auf ungeahnte Weise anziehend.«[3]

Im Jahr 1935 hat Wat den Bann gebrochen. Der konstruktivistische Taumel hat sich aufgelöst. Die Geschichte präsentiert sich ihm nicht mehr als Zubereitung einer Speise, noch gibt sich das Blut der Menschen als Bausub-

---

[2] Aleksander Wat, *Mon siècle. Confession d'un intellectuel européen*, Éd. de Fallois/L'Age d'Homme 1989, S. 203.
[3] Aleksander Wat, *Mon siècle*, S. 94.

stanz oder Zutat zu erkennen. Das leninistische Bild des Omeletts ist von nun an unfähig, die unzähligen Greuel der Revolution zu beschönigen oder zu heiligen. Unruhig, begierig zu erfahren, woran er ist, von Zweifeln und Gewissensbissen gequält, stürzt er zum kommunistischen Dichter Włatzio Broniewski, der gerade aus der Sowjetunion zurückgekommen ist, und überschüttet ihn mit Fragen über die Hungersnot in der Ukraine und die Kollektivierung: »Die Presse hatte berichtet, daß fünf Millionen Bauern umgekommen sind. Und Włatzio antwortete mir: ›Ja, sicher, man sprach viel darüber ...‹ Tretjakow, der Autor des Stückes *Brülle China!* hatte ihm bestätigt, daß es sich ungefähr auf diese Zahlen belief; vier oder fünf Millionen Bauern waren ausgerottet, waren ausgemerzt worden ... Ich fragte ihn dann – daran erinnere ich mich noch immer, denn das sind Momente, die man nicht vergißt: ›Ja und dann, wenn das stimmt, wie denn?‹ Und er machte mit der Hand eine unbeteiligte Bewegung ... Großer Gott, was machte ihm das schon aus, fünf Millionen *Muschiks* ... Er hatte es nicht so gesagt, aber diese Bewegung!«[4]

Alles zu seiner Zeit: Die Agonie der sterbenden Klassen ist unvermeidlich, die Revolution läutet das Ende des Vergangenen ein, dessen brüchige Grundlage die vollendete Menschheit nicht braucht. Genau das drücken das leise verächtliche Pfeifen und die nachlässige Geste im Grunde genommen aus. Jeder revolutionäre Kämpfer hat sie eines Tages auf seinem Weg angetroffen, wenn er nicht gerade selbst mit dieser männlichen Lakonie die Neuigkeiten von der Front entgegennahm, um sich von den kleinmütigen Naturen abzuheben und um zu erkennen zu geben, daß

---

[4] Aleksander Wat, *Mon siècle*, S. 237.

ihm nicht bange ist. Denn die Doktoren Pannwitz sind ja nicht die einzigen, die sich lossagen vom humanitären Zusammenhalt unter den Menschen: Andere tun es, die nicht die Vorherrschaft der Herrenrasse sichern, sondern im Gegenteil tatsächlich die Einheit der Gattung Mensch verwirklichen wollen. Was auch immer das selbstgesteckte Ziel sein mag, die absolute Verfügbarkeit der Geschichte und ihr Eintreten ins Reich des Möglichen und Machbaren setzen die Menschen einer uneingeschränkten Gewalt aus, denn sie entreißen ihnen jede ontologische Würde. Die Menschen sind nicht mehr als Bausteine eines gigantischen Gebäudes, Mittel, Hindernisse oder Skizzen eines Werkes, das im einen Fall Hierarchie, im anderen Gleichheit heißt. Die Idee der Menschheit hat sich vom Ingenieur Pannwitz bis zum Dichter Broniewski als zerbrechlich und unheilvoll, sterblich und mörderisch zugleich offenbart. Man hat Sorge dafür zu tragen, daß diese Idee am Leben bleibt, und man hat auch Sorge dafür zu tragen – um sie vom Töten fernzuhalten –, daß sie nicht mehr wie beim Modell des Omeletts als Objekt des Verbs *machen* aufgefaßt wird. Über die Entwicklung des humanitären Handelns und der humanitären Empfindsamkeit nimmt unsere Zeit diese beiden Forderungen nach Wiedergutmachung auf sich, die das Jahrhundert Aleksander Wats ihr hinterlassen hat.

Weitab von Graffiti und Barrikaden fing alles 1968 an in einer Region, die bis dahin einzig den Experten des schwarzen Kontinents bekannt war: in Biafra. Ein Jahr zuvor hatten die Ibo, die in dieser südlichen Provinz Nigerias die Mehrheit stellten, sich losgelöst und ihre Unabhängigkeit erklärt. Die Zentralregierung hatte auf diese Herausforderung mit einem Krieg geantwortet und nach der Eroberung von Port Harcourt mit einer totalen Sperre der von den Rebellen kontrollierten Gebiete. Trotz der entsetzlichen Hungersnot, die die Bevölkerung des restlichen Biafra heimsuchte – eine Million Menschen starben damals innerhalb von 30 Monaten –, unterstützten die meisten als fortschrittlich etikettierten Länder – Algerien, das Ägypten Nassers, Guinea, die UdSSR – ohne größere Gewissensbisse Nigeria. Biafra für seinen Teil kam in den Genuß, von Südafrika und Portugal unterstützt zu werden, was damals außerordentlich irritierte. Frankreich zögerte: Als der große Verteidiger des Selbstbestimmungsrechts der Völker war General de Gaulle darüber hinaus empfänglich für die unverhoffte Gelegenheit, den Riesen des englischsprachigen Afrika zu schwächen. Aber das Prinzip der Unanfechtbarkeit der Grenzen hielt ihn davon ab, dieser Verlockung und seiner Sympathie für das »tapfere biafranische Volk« vollständig nachzugeben. Er versagte sich also die entscheidende Geste der diplomatischen Anerkennung, doch veranlaßte er das französische Rote Kreuz einzugreifen. Die Ärzte, die für diese erste große, auf ein Land der Dritten Welt ausgerichtete humanitäre Operation rekrutiert worden waren, vermochten 1970, trotz des Umfangs der Hilfeleistungen, nicht, die Rückgabe eines verschmachteten und ausgehungerten Gebietes zu verhindern, und erlebten Biafra als ein *zweites Solferino*.

Man kennt diese Geschichte: Angesichts des unerträglichen Anblicks, den das Schlachtfeld von Solferino nach den Kämpfen darbot, entwickelte der schweizerische Geschäftsmann Henri Dunant die Idee des Roten Kreuzes und entschied sich dafür, ihr den Rest seines Lebens zu widmen. Bis in die Lombardei war er gekommen, um von

Napoleon III. eine Konzession für Land in Algerien zu erhalten, aber anstelle des Kaisers, den er verpaßte, sah er am 25. Juni 1859 in Solferino 40 000 Unglückliche in der Sonne verfaulen: »Vor allem die Schwerverletzten haben einen stumpfen Blick und scheinen gar nicht zu verstehen, was man ihnen sagt; sie richten ihre verstörten Augen auf Sie, doch ihr offenkundiges Außersichsein hindert sie nicht daran, ihr Leiden zu spüren. Andere sind unruhig, von einem nervösen Schock und konvulsivischem Zittern befallen, mit klaffenden Wunden, die bereits begonnen haben, sich zu entzünden. Diese sind wie wahnsinnig vor Schmerzen, bitten um den Gnadenstoß und winden sich mit verzerrtem Gesicht in den letzten Zuckungen des Todeskampfes. An anderer Stelle findet man die Unglücklichen, die nicht nur von Kugeln oder Granatsplittern niedergestreckt wurden, sondern deren Arme und Beine obendrein zerquetscht wurden von den Rädern der Artillerie, die über ihre Körper hinweggefahren war.«[5]

In Solferino entdeckt Henri Dunant, daß derselbe Krieg, der die Kämpfenden einander gegenüberstellt, seine Opfer im Leiden vereinigt. »*Tutti fratelli*«, sagen die Frauen von Castiglione seinem Beispiel folgend, und unterscheiden nicht nach Nationalitäten, während sie sich bemühen, den italienischen wie auch den feindlichen Verwundeten Beistand zu leisten. Diese Brüderlichkeit auf gleicher Ebene wird weder durch die Gesamtheit der Unterscheidungsmerkmale konstituiert, die man traditionell menschliche Natur nennt, noch durch das eigentlich menschliche Losgerissensein von der Natur, auch nicht durch die Fähigkeit, aus freien Stücken zu handeln, oder durch die gemein-

---

[5] Henri Dunant, *Un souvenir de Solferino*, L'Age d'Homme 1986, S. 31 f.

same Würde aller Vernunftwesen, sondern sie beruht vielmehr auf der Schwäche und dem Leiden. »Von Natur aus sind die Menschen weder Könige, noch Fürsten, noch Hofleute, noch reich. Alle werden nackt und arm geboren; alle sind dem Elend, den Kümmernissen und Schmerzen aller Art unterworfen. Am Ende sind alle zum Sterben verurteilt. Das ist das Schicksal des Menschen, kein Sterblicher kann ihm entrinnen.«[6] Anders gesagt, nicht aufgrund seiner Eigenschaften, Fähigkeiten oder Vorrechte erkennt sich der Mensch im anderen, sondern anhand der Qualen, die ihn niederdrücken. Statt einer Definition des menschlichen Wesens zu geben, sagt Rousseau *Ecce homo*. Unter dem Eindruck dieses Gegensatzes verkündet der Genfer Henri Dunant ein Jahrhundert später die Notwendigkeit, den Bereich des Menschlichen, in den schlechterdings *alle* verwundeten Soldaten fallen, sogar am Ort der absoluten Gewalt noch zu sichern: »In der schweren Stunde, da Menschen, Mitbürger und Christen die Waffen gegeneinander richten und soeben ihr Soldatenblut auf dieser Erde vergossen haben, die doch nur vom Schweiß der Ackermänner getränkt werden sollte, will ich, daß die Barmherzigkeit vermöge einer Hilfsorganisation dem Krieg sämtliche Opfer entreißt, die vom Stahl zwar gestreift, doch vom Tod noch nicht dahingerafft worden sind.«[7]

Dieser Wunsch verwirklicht sich am 22. August 1864 mit der Unterzeichnung der ersten Genfer Konvention zur Linderung des Schicksals der Soldaten im Felde. Die nun entstehende internationale Bewegung des Roten Kreuzes

---

[6] Jean-Jacques Rousseau, *Emil oder über die Erziehung*, Paderborn 1995, S. 223.
[7] Henri Dunant, *Un souvenir de Solferino*, S. 120.

beruht auf dem Prinzip einer doppelten Neutralität: einerseits dem nicht diskriminierenden Schutz der Opfer durch eine Einrichtung, die in den Auseinandersetzungen nicht Partei ergreift, und zusätzlich auf der Notwendigkeit, daß diese Einrichtung von jeglicher öffentlichen Stellungnahme absieht. Gleichgültig gegenüber der Herkunft der leidenden Körper sowie der Uniform, mit der sie bekleidet, und der Fahne, durch die sie voneinander unterschieden sind, stellt sich diese neue karitative Organisation willentlich auch außerhalb jeglicher politischen, philosophischen, rassischen oder religiösen Kontroversen, welche die Konflikte hervorzurufen pflegen. Der Weigerung, zwischen den Unglücklichen zu wählen, gesellt sich die Weigerung hinzu, sich für bestimmte Protagonisten zu entscheiden und das Verhalten der Regierungen zu werten. Wohltätigkeit mit zugeschnürtem Mund: Während das von Henri Dunant begründete humanitäre Recht die bisher unantastbare Logik der Souveränität beeinträchtigt, ist seine Verwirklichung zugleich vollständig vom guten Willen der souveränen Staaten abhängig.

Furchtbare Ambivalenz: Obwohl das internationale Komitee des Roten Kreuzes bereits 1942 über das Schicksal der Juden und die Existenz der Vernichtungslager informiert war, entscheidet es sich für das Schweigen, um seine Aktionen zugunsten der Kriegsgefangenen nicht zu gefährden. Damit sie 40 Jahre später mit Nigeria zusammenarbeiten kann, muß dieselbe stumme Einrichtung viermal so viel Hilfsgüter in das Gebiet der nigerianischen Regierung schaffen wie in das übriggebliebene Biafra, in dem der Hunger wütet.[8]

---

[8] Vgl. Alain Destexhe, *L'Humanitaire impossible ou Deux siècles d'ambiguïté*, Armand Colin 1993.

Die französischen Ärzte, die sich 1968 nach Biafra begeben, brechen mit dieser nun schon hundertjährigen Zurückhaltung: Sie betreten illegal fremdes Gebiet und legen nach ihrer Rückkehr von ihrer Mission Zeugnis ab. Dieser doppelte Bruch wird grundlegend für die Charta der humanitären Organisationen, die nach diesem zweiten Solferino entsteht: »Die humanitäre Hilfe befindet sich in den Händen von großen Organisationen, die aus lauter Bürokraten bestehen. Man muß den Menschen vielmehr einen Freiraum schaffen und insbesondere den Ärzten die Möglichkeit zum unmittelbaren Eingreifen geben. Humanitäre Hilfe ist der Einhaltung rechtlicher Vorschriften unterworfen; doch soll man einzig mit Rücksicht auf die Opfer arbeiten, indem man sich mit Absicht über alle Vorschriften hinwegsetzt, sobald diese gegen die Menschen angewandt werden. Die humanitäre Hilfe ist auf die Staaten angewiesen. Sie soll sich deshalb unabhängig machen und sich zu diesem Zweck auf eine neue Macht stützen, und zwar die der Medien und der öffentlichen Meinung.«[9]

Aber diese Anhänger der Unvorsichtigkeit, Ungebührlichkeit und Einmischung verzichten nicht auf die Neutralität. Ihr Getöse ist das Gegenteil eines Verrats: Sogar dann, wenn sie sich von der Diskretion und den guten Manieren der Institution Dunants lossagen, knüpfen sie doch wieder an ihn an. Angesichts der von den Revolutionskämpfern zur Schau gestellten Verachtung der wirklichen oder eingebildeten großen, unverrückbaren Grundsätze fordern sie lauthals den naiven Universalismus der Moral des Roten Kreuzes ein. Gegen jene, die immer schon davon überzeugt sind zu wissen, woran sie sich beim Lauf der Welt zu halten

---

[9] Jean-Christophe Rufin, *Le Piège humanitaire*, Hachette 1993, S. 62.

haben, und die mit dem Lächeln des Eingeweihten die Vernichtung der Muschiks oder die Bilder der kleinen Biafraner mit ihren aufgedunsenen Bäuchen zur Kenntnis nehmen, verkündet diese neue humanitäre Generation das Recht und die Pflicht, *allen* Opfern beizustehen, in welches Lager die Geschichte sie auch immer hingestellt hat und was auch immer das ideologische Abzeichen ihrer Unterdrücker sei. Die Wege des Herrn sind *unergründlich:* Man negiert von jetzt an weniger Gott als die Vorsehung, sowohl in ihrer religiösen als auch in ihrer weltlichen Fassung, die sie durch die Moderne erhielt. Man weigert sich, die Gewalt in einen Gesamtplan einzufügen und sich mit dem Bösen im Namen der höheren Interessen der Menschheit zu versöhnen. Man sagt nicht mehr mit Trotzki, solche Taten seien lobenswert, sogar die grausamsten, die zum Umsetzen der Gleichheit beitrügen, und solche verabscheuungswürdig, sogar die barmherzigsten, die diese endgültige und universale Anhebung der Sittlichkeit verzögerten oder störten.[10] Vielmehr stellt man sich mit Lévinas auf den Standpunkt, daß »die Rechtfertigung des Schmerzes des Anderen mit Bestimmtheit der Ursprung aller Unmoral«[11] sei. Man hat keine Angst, sich die Hände schmutzig zu machen. Den eigenen Ekel überwindend, taucht man sie in Scheiße und Blut, allerdings mit der Absicht, die von der Geschichte zerstörten Leben wieder aufzubauen und nicht um zu ihrer Zerstörung beizutragen. Es gibt keine Verwundeten der Rechten oder Linken mehr: Im Gegensatz zum internatio-

---

[10] Vgl. Leo Trotzki, *Ihre Moral und unsere*, Spartacus Bolschewiki Leninisten, Mainz 1972.
[11] Emmanuel Lévinas, *Zwischen uns. Versuche über das Denken an den Anderen*, München, Wien 1995, S. 126.

nalen Kämpfer, der er mitunter auch gewesen ist (und dessen *zynischen Idealismus* er nun abbüßt), unterwirft der Retter ohne Grenzen den stillen Aufruf der Not keiner einzigen vorhergehenden Befragung. Anstatt seiner ersten unmittelbaren Regung zu mißtrauen, folgt er ihr, gerade weil sie das Gute ist: Anstatt im Interesse der Sache an sich zu halten, gibt er seinem Schwach-Werden nach und posaunt seine Empfindsamkeit aus. Früher hatte die geschichtliche Vernunft die Herzensgründe in ihm erstickt. Von jetzt an besiegt das Herz die Geschichte und kommt das Gefühl wieder zu seinem Recht. Die Epoche des Abschieds von den Tränen geht zu Ende. Nach einer langen Eskapade an der Seite von Marx und Hegel und ihrem Menschenomelett muckt die Idee der Menschheit gegen jenes kulinarische Schicksal endlich auf und kehrt, nachdem sie das 19. Jahrhundert am Ende des 20. verabschiedet hat, zu Rousseau zurück.

Wenn man seinem Mitmenschen unter seinem Fenster die Kehle durchschneidet – an jedem Punkt des Erdballs seit diesem unberechenbaren Ereignis, nämlich der Eroberung der Ubiquität durch das Fernsehen –, gibt der humanitäre Mensch dem Mitleid nach. Er hat sich von der Macht des Philosophen befreit, von dem uns Rousseau sarkastisch und vorausschauend im *Diskurs über den Ursprung der Ungleichheit* sagt, daß »nur mehr die Gefahren für die ganze Gesellschaft [...] ihn aus seinem Bett reißen« und daß er ansonsten »sich nur die Ohren zuzuhalten und sich ein paar Argumente zurechtzulegen« braucht, »um die Natur, die sich in ihm empört, daran zu hindern, ihn mit dem zu identifizieren, den man meuchlings ermordet.«[12]

---

[12] Jean-Jacques Rousseau, *Diskurs über die Ungleichheit*, Paderborn, München, Wien, Zürich 1993, S. 149.

Ob er Arzt, Apotheker, Krankenpfleger, Ingenieur, Begleiter oder sogar einfach nur Zuschauer ist, der humanitäre Mensch hinterfragt sich nicht mehr, sondern gibt sich hin. Zurück vom selektiven und abstrakten Altruismus, den die Bewegung der Geschichte ihm aufnötigte, kann er »sich unbesonnen dem ersten Gefühl der Menschlichkeit überlassen«.[13] Wer wagte es heutzutage, ihm diese Unbesonnenheit vorzuwerfen? Wer hätte das Herz, dieser an Rousseau anklingenden Behauptung Michel Foucaults, »Das Unglück der Menschen darf nie ein stummes Überbleibsel der Politik sein«[14] die *verblüffende* Meisterschaft des Dialektikers entgegenzustellen, die aus dem Bösen ein Werkzeug des Guten macht und aus dem offenkundig Guten eine objektiv schädliche Kraft?

Demnach ist hier nicht der Ort zu bedauern, daß die allgemeine Stimmung am Ende dieses Jahrhunderts etwas unbesonnener und etwas weniger der *Kunst der Verblüffung zugeneigt* sei, und ebenso wenig, daß ein aufdringlicher und lärmender Humanitarismus zugleich das Schweizer Protokoll des Mitleids und die erbarmungslose Geschichtsphilosophie entthront hat.

Gleichwohl ist dies ebenfalls nicht der Ort zu triumphieren. Denn der Blick des Arztes ist nicht weniger reduzierend als der des Kämpfers. Der Kämpfer merkte sich von den Menschen nur ihre Rolle im Drama der Vernunft. Der Arzt der Welt sieht in ihnen nur das Elend und die Krankheit. Für den Kämpfer war es von höchster Wichtigkeit zu wissen, welchem Lager und welcher Zeit die Verwundeten angehörten, ob sie fortschrittlich oder reaktionär waren, ob

---

[13] Jean-Jacques Rousseau, *Diskurs über die Ungleichheit*, S. 149.
[14] Michel Foucault, *Dits et Écrits*, Bd. IV, S. 708.

sie für die gute oder die schlechte Sache litten. Schließlich gab es für ihn ja keine andere Wirklichkeit als die geschichtliche, und er wollte um keinen Preis zulassen, daß seine Solidarität den großen Weg der Geschichte verließ, um auf Abwege zu geraten. Vom Leiden in seiner unmittelbaren Zufälligkeit bewegt, hat der humanitäre Darsteller keine Vorurteile mehr, doch interessiert ihn ebensowenig, *wer* das leidende Individuum ist, was sein Wesen oder seine Daseinsberechtigung ist, welche Welt es mit aufbauen helfen will, welche Gründe es für seine Verfolgung oder Agonie gibt und welchen Sinn es seiner Geschichte und womöglich gar seinem Tod geben will. Leben retten: Das ist die weltumspannende Mission des Arztes ohne Grenzen. Er ist zu sehr damit beschäftigt, den Mund, der da hungert, mit Reis zu stopfen, um noch dem Mund, der da spricht, zuzuhören. Die Worte dringen in die Dimension seiner Fürsorge nicht ein. Sein Eingreifen erfordert zerriebene Bevölkerungen, aber keine wortgewandten Völker, das Esperanto der Klage, nicht aber die undurchsichtigen und eigentümlichen Nationalsprachen. Die Körper, um die er sich kümmert, sind sozusagen unwirklich. »Zu trinken! Zu trinken!«, das ist die barbarische Bittschrift, die diese unbestimmten Musterexemplare der Menschheit als *Logos* hervorbringen.

»Im Krankenhaus«, schreibt Michel Serres zu Recht, »leidet und weint niemand sonderlich anders als der andere. Ebenso universell wie die Gewalt ist der Tod; der Schmerz macht uns alle gleich. Dieselbe Bitterkeit salzt den Schweiß, die Tränen und das Blut.«[15] Aber der Absicht des

---

[15] Michel Serres, *Die Legende der Engel*, Frankfurt am Main, Leipzig 1995, S. 249.

Autors von *Die Legende der Engel*, die Moral auf dieses Gleichmachen aufzubauen, hielt Goethe schon 1787 entgegen: »Auch muß ich selbst sagen, halt ich es für wahr, daß die Humanität endlich siegen wird, nur fürcht ich, daß zu gleicher Zeit die Welt ein großes Hospital und einer des anderen humaner Krankenwärter werden wird.«[16] Und auch Bernanos, der näher an unserer Zeit ist: »Man kann die Weltgeschichte drehen und wenden, wie man will, es ist offenkundig, daß Menschen im Elend niemals um ihrer selbst willen geliebt wurden. Auch die Besten ertragen oder tolerieren sie nur aus Mitleid. Aus Mitleid bedeutet, daß sie sie von der Liebe ausschließen, denn das Gesetz der Liebe ist Gegenseitigkeit, und im Mitleid ist keine Gegenseitigkeit möglich. Das Mitleid ist eine verfallene, heruntergekommene Liebe, ein dünnes göttliches Rinnsal, das im Sande versickert.«[17] Allem Anschein zum Trotz ist Barmherzigkeit in der Tat nicht frei von Misanthropie, und was die Resorption aller menschlichen Bindungen in ein einziges Gefühl der Menschlichkeit heute an den Tag legt, ist weniger die Sorge um die Anderen als ein unüberwindliches Mißtrauen gegenüber deren Freiheit.

Damit wir uns recht verstehen: Der Arzt würde gegen die medizinische Ethik verstoßen, wenn er nicht stets den *erstbesten* versorgen würde, ohne sich um dessen Meinungen, Absichten oder Herkunft überhaupt Gedanken zu machen. Indem er mit schöner Emphase verkündet: »In

---

[16] Goethe, zitiert nach Clifford Orwin, »Rousseau et la découverte de la compassion politique«, *La Pensée politique*, 2, Hautes Études/Gallimard/Le seuil 1994, S. 114; Originalquelle entnommen aus Johann Wolfgang von Goethe, *Briefe aus Italien*, Innsbruck 1985, S. 81. (A. d. Ü.)

[17] Georges Bernanos, *Nous autres Français*, Éd. du Seuil 1984, S. 205.

wie vielen Häusern ich auch einkehre, eintreten werde ich zum Nutzen der Leidenden«, paßt der Therapeut ohne Grenzen den Eid des Hippokrates dem Sofortbild und dem *global village* an. Man kann sich über diese gleichzeitige Treue und Modernisierung nur freuen. Aber der Schuh drückt dort, wo sich unsere Zeit den Blick des Arztes aneignet, wo unser Interesse an der Welt sich auf sein Interesse für das Leben reduziert, und wenn die ausgestreckten Körper, die sich unserer Fürsorge darbieten, nichts anderes mehr sind als, so schreibt Régis Debray, »die Zielscheibe irgendwo für irgendwas«.[18] Der Schuh drückt dort, wo unsere dennoch weitgeöffneten Augen keinen Unterschied mehr machen können zwischen Unfall und Angriff und wo sie in der Heterogenität der Katastrophen nichts als monotone und auswechselbare Opfer sehen: »Marsmenschen, die nirgends hingehören, die ohne Grund und rein zufällig vor unseren Füßen gestrandet sind.«[19]

Gewiß, es sind viele Kämpfe schlecht ausgegangen, viele Sachen verraten, viele Verbrechen im Namen der höchsten Werte – allem voran in dem der Menschheit – begangen worden, so daß es berechtigt ist, die höheren Sphären zu verlassen, um hienieden dem Dringlichsten abzuhelfen. Besteht nicht die Lektion dieses infernalischen Jahrhunderts gerade darin, das irdische Paradies zu Grabe zu tragen und lieber überall gegen die Offenkundigkeit des Bösen zu kämpfen, als den Blick auf das hypothetisch Gute zu richten und in die mörderische Dialektik von Zweck und Mittel einzutreten? Aber das humanitäre Verhalten entspringt nicht nur aufkommender Abneigung gegen große Verspre-

---

[18] Régis Debray, *L'Œil naïf*, Éd. du Seuil 1995, S. 155.
[19] Régis Debray, *L'Œil naïf*, S. 156.

chungen. Es verdankt seinen planetarischen Erfolg dem eigenen Reduktionismus und seinem Angebot eines Engagements, bei dem man jederzeit auf der Gewinnerseite steht. Seine Adressaten, die ausgegrenzten, ausgehungerten und mit dem Tode ringenden *Boat-people* können sich nicht mehr wehren. Sie sind abhängige Wesen, Elendsgestalten, von Leiden und Bedürftigkeit gänzlich durchdrungene Subjekte und keine handlungsfähigen und somit unkontrollierbare Individuen. Die humanitäre Generation will mit dem ideologischen Zeitalter abschließen, das die Geschichte der Menschen der Logik einer einzigen Idee unterwarf. Doch ist sie ebensowenig wie die Ideologie dazu bereit, sich dem »unendlich Unwägbaren« auszusetzen, welches, um einen Ausdruck von Hannah Arendt aufzunehmen, »das Gefüge des Realen« konstituiert. Die humanitäre Generation mag die (allzu beunruhigenden) Menschen nicht, doch sie kümmert sich gerne um sie. Als freie Wesen machen sie ihr Angst. Um ihrer ganzen Zärtlichkeit freien Lauf zu lassen und sie versorgen zu können, ohne daß sie das Weite suchen, will sie diese als Krüppel. Durch die Fabel von der voranschreitenden Menschheit unlängst noch verstört, verbarrikadiert sie sich jetzt in die unbestreitbare Wahrheit von der leidenden Menschheit, um gegen alle bösen Überraschungen gefeit zu sein. Ernüchtert vom Gang der großen Geschichte interessiert sie sich nur noch für das Unglück der Gattung: Ihre Solidarität nimmt die Form einer einzigen immensen Bemutterung an. Ihre Vorliebe für die anonymen Notleidenden ist eher dem Grundsatz der Vorsicht als dem des brüderlichen Elans verpflichtet. Zumindest auf intellektueller Ebene ist diese Moral des äußersten Notfalls stets auch eine Moral der äußersten Bequemlichkeit. In Wirklichkeit verzichtet die humanitäre Generation nämlich auf den Überblick über die Geschichte nur zugunsten einer neuen Position der Unfehlbarkeit. Und wenn sie der Welt den Ton abstellt, geschieht dies weniger, um den mißtönenden und gebieterischen Appell des Elends endlich zu hören, sondern vielmehr, weil die menschliche Welt unsicher ist und kompliziert – das Lebenwollen dagegen einfach – und die Körper kein Kopfzerbrechen bereiten. Das Opfer selbst lügt nicht.

»Das Entsetzen«, schreibt Paul Ricœur, »wird von Ereignissen verursacht, die man nie vergessen darf. In ihm findet die Geschichte der Opfer ihren letzten moralischen Beweggrund. (Ich ziehe es vor, von der Geschichte der Opfer statt von der der Besiegten zu sprechen, denn die Besiegten sind zum Teil bloß gescheiterte Anwärter auf die Herrschaft.) Die Opfer von Auschwitz vor allem sind es, die in unserem Gedächtnis alle Opfer der Geschichte vertreten. In ihnen, den Opfern, zeigt sich jene Kehrseite der Geschichte, die keine List der Vernunft zu rechtfertigen vermag und die vielmehr den Skandal jeder Theodizee der Geschichte offenbart.«[20]

Man kann dem humanitären Blick zugute halten, den Skandal angeprangert und das Opfer rehabilitiert zu haben. »Mögen es Erdbeben oder gesellschaftliche Erschütterungen sein, zunächst wird jedes Opfer als ein ›zu rettendes‹ wahrgenommen«[21], behauptet André Glucksmann. Aber was ist denn genaugenommen ein Opfer? Nichts Bestimmtes: ein von seiner Umgebung und seinen Wurzeln

---

[20] Paul Ricœur, *Zeit und Erzählung III*, München 1991, S. 304.
[21] André Glucksmann, »La considération de l'inhumain«, in: Mario Bettati und Bernard Kouchner, *Le Devoir d'ingérence*, Denoël 1987, S. 218.

getrennter Mensch ohne Land und ohne Kontext, innerlich ausgehöhlt und um seine Möglichkeiten gebracht wegen eines *namenlosen Unglücks*. Ein Mensch lebt nicht im Singular auf Erden, sondern in unendlicher Vielfalt, pflegte Hannah Arendt zu sagen. Sie empfand die befremdliche Notwendigkeit, diese Selbstverständlichkeit besonders nachdrücklich hervorzuheben, weil die Reduzierung der Menschen auf *den Menschen* die fortwährende Versuchung des Denkens ist. Und diese Versuchung, die gestern noch das Gesicht der Ideologie trug, triumphiert heute in der Fürsorge. Mit der Ideologie erreichte der voranschreitende Mensch das Ende der menschlichen Vielfalt; mit der Fürsorge erreicht er ebendieses Ende als Gattung und als unpersönliche Drangsal seiner Vertreter. Im Zeitalter der Ideologie glaubte man alles zu wissen; im Zeitalter der Wohltätigkeit will man nichts mehr wissen. Dieser Wandel ist ganz gewiß keine Revolution. Vom Vorhaben, das Glück endgültig auf Erden zu errichten bis hin zum situationsgebundenen Kampf gegen alle Formen des Unmenschlichen, vom Primat der Vernunft bis hin zum Primat des Gefühls wird der Zerbrechlichkeit und Unvorhersehbarkeit dessen, was die Griechen die »menschlichen Angelegenheiten« nannten, weiterhin mit derselben Intoleranz und *demselben Ressentiment* begegnet. Sowohl in der Angleichung menschlicher Konflikte an Naturkatastrophen als auch bei deren Integration in eine Totalität, die sich auf eine universale Freiheit zubewegt, ist die politische Beschwörung gleichermaßen am Werk. Denn die Kehrseite des verallgemeinerten Mitleids revoltiert sowohl gegen die Gefahr, der jede Wertung durch die menschliche Vielfalt ausgesetzt ist, als auch gegen das andauernde Kopfzerbrechen, das letztere verursacht. Bei seinem Humanitärwerden hat der Mensch nicht auf die Vollkaskoversicherung verzichtet, die ihm die Ideologie versprach. Er versucht auf andere Weise, der Plackerei der praktischen Weisheit zu entkommen und die Zügel in der Hand zu behalten.

Am Ende eines Jahrhunderts, »das innerhalb von dreißig Jahren zwei Weltkriege, Rechts- und Linkstotalitarismus, Hitlertum und Stalinismus, Hiroshima, den Gulag, die Völkermorde von Auschwitz und Kambodscha erlebt hat«[22], kann man, wie Lévinas und Ricœur nachdrücklich betonen, das Böse nicht mehr erklären und beschwichtigen, indem man es in einen Gesamtplan aufnimmt. Unser Jahrhundert ist schlechterdings das Jahrhundert des *unnötigen Leidens,* und dieses verlangt nicht nach einer Rechtfertigung durch die Dialektik, sondern nach Linderung durch ein möglichst sofortiges Eingreifen, das *keine Bedingungen stellt.* Doch diese neue, großzügige Philanthropie bereitet Probleme, weil sie mit dem Grauen so eng verbunden ist. Aus Schaden klug geworden will sie sich nicht mehr aus dem humanitären Raum der Katastrophe weglocken lassen. Und das bedeutet, daß sie erst einmal Blut braucht – und davon nicht zuwenig –, um sich aus der Reserve zu begeben und aktiv zu werden. Nur die großen Plagen, die unbestreitbaren Massaker und die passive Hilflosigkeit rühren sie überhaupt noch. Bevor nicht die furchtbare Klarheit des Bösen das Durcheinander, die Verworrenheit und die Dunkelheit aufgelöst hat, hält sie sich abseits. Danach hat sie andere Sorgen. Unerbittliche Sanftheit. Alles in allem liegt in dieser gefühlsmäßigen Entfrem-

---

[22] Emmanuel Lévinas, *Zwischen uns,* S. 124.

dung vom Elend ebensoviel Grausamkeit wie im männlichen Rückgriff auf die List der Vernunft, um das Elend der Welt zu entschärfen.

Und es ist ebenfalls nicht gewiß, ob hierin weniger Verblendung liegt. Gott mag klarsehen, aber nach der schönen Formulierung von Milan Kundera ist der Mensch »einer, der im Nebel voranschreitet.«[23] Der Nebel ist sein Los, sogar dann noch, wenn er glaubt, in der Sonne der Vernunft oder im unmittelbaren Licht des Gefühls zu leben, und selbst dann, wenn sich das Sein ihm wie ein Panorama darbietet oder er die Partei aller Unglücklichen unterschiedslos ergreift. Auf das Humanitäre zu setzen und ein für allemal das Lager der Opfer zu wählen bedeutet allem Anschein zum Trotz, nicht jedesmal zu gewinnen. Man bemüht sich vergeblich; in der Ausübung der Solidarität gibt es zwangsläufig etwas Gewagtes und Zufälliges: Das Engagement hat stets den Charakter einer Wette, gleichviel, welche Vorsorgemaßnahmen man ergreift. Die Allgegenwart des Bildes und das entsprechende Aufkommen einer weltweiten Meinung haben gewiß die Generalversammlung der Vereinten Nationen dazu genötigt, das Recht auf humanitären Beistand in das positive Völkerrecht aufzunehmen. Am 8. Dezember 1988 wurde der Triumph Dunants durch die Zusage des freien Zugangs zu den Opfern im Heiligtum der Souveränität selbst aus der Taufe gehoben. Doch wie unter anderem die humanitäre Begleitung des letzten Krieges auf europäischem Boden in diesem Jahrhundert gezeigt hat, nämlich im Krieg um Großserbien, der 1989 im Kosovo angefangen und Ende

---

[23] Milan Kundera, *Verratene Vermächtnisse. Essay*, Frankfurt am Main 1996, S. 227.

des Jahres 1995 mit einem höchst prekären Frieden in Bosnien-Herzegowina beendet wurde, konnte sich die Staatsräson sehr schnell abfinden mit dieser Einführung der allgemeinen Empfindsamkeit in den bis dahin aristokratischen, abgeschlossenen Bereich der Diplomatie. Es fiel ihr nicht eben schwer, sich den neuen medialen und emotionalen Verhältnissen anzupassen und hinter dem erbaulichen Schauspiel des guten Willens die kältesten Berechnungen des Interesses oder des Willens zur Schwäche zu verbergen. Über den Beistand als Ausflucht: Rony Brauman weist mit vollem Recht darauf hin, welche Rolle der mitfühlende Eifer und das karitative Handeln in der Kommunikationsstrategie François Mitterrands spielten, der während des größten Teils der jugoslawischen Katastrophe in Frankreich das höchste Amt versah. Der ehemalige Präsident der französischen Republik »neigte weit über das vernünftige Maß hinaus zur Beibehaltung eines Jugoslawien in seinen bisherigen Grenzen und blieb bei seiner Überzeugung, daß nur eine starke serbische Macht eine gewisse Stabilität in dieser explosiven Region gewährleisten könne«.[24] Aber die Fernsehpräsenz des Ereignisses führte schließlich dazu, daß diese Position für die Franzosen inakzeptabel wurde. Es bedurfte zwingend einer Geste: »Die humanitäre Geschäftigkeit und der humanitäre Diskurs ermöglichten ihm, das treue Festhalten Frankreichs an den Menschenrechten erneut zu behaupten und eine Gegnerschaft zum großserbischen Faschismus vorzutäuschen, um diesem zugleich freien Lauf zu lassen.«[25] In diesem Fall war

---

[24] Rony Brauman, *Humanitaire: le dilemme. Entretien avec Philippe Petit*, Textuel 1996, S. 35.
[25] Rony Brauman, *Humanitaire: le dilemme*, S. 35.

das Gefühl ein von der Vorsehung gesandter Verbündeter des Zynismus und nicht, wie man glauben mochte, sein größter Feind.

Sogar dann, wenn er glaubt, den Politiker unter die totale Überwachung durch das Bild zu stellen, bietet der humanitäre Mensch diesem die unverhoffte Möglichkeit, die schreckliche Last der politischen Moral abzulegen und zugunsten einer narzißtischen Unfallhilfe die schwierige Frage fallen zu lassen, wie wir von unserer Ausgangssituation und mit den uns verfügbaren Mitteln dazu beitragen können, die Welt zu einem bewohnbaren Ort für all diese gleichen und doch verschiedenen Wesen zu machen, aus denen sich die Menschheit zusammensetzt.

Gestern weigerte man sich im Namen der Ideologie, der vom Leiden Übertölpelte zu sein. Am Leiden angelehnt und mit allem Elend in Sichtweite weigert man sich von nun an, der von der Ideologie Übertölpelte zu sein. So ergeht es der Leichtgläubigkeit von Zweiflern. Die Menschen schreiten im Nebel voran, wie Péguy zu Anbruch eines Jahrhunderts sagt, das vollkommen unter dem Zeichen der Entmystifizierung steht, doch sind es die Schwachköpfe, die sich aufspielen.

SECHSTES KAPITEL

Von Engeln und Menschen

»Die Ummeneden von Bonnada haben die sehr unangenehmen Nippodier aus Pommedenien als Nachbarn. Die Nibbonidier aus Bonnaridien sind entweder mit den Nippodiern aus Pommedenien oder mit den Rigabonen aus Karabulien befreundet, um die Ummeneden von Bonnada zu bedrohen, natürlich erst nachdem sie sich mit den Bituliern aus Rotrark verbündet oder nachdem sie vermittels geheimer Bündnisse die Rigobettier aus Biligettien neutralisiert haben, die am Berghang der Kolviten in Böland leben, welche das Gebiet der Ummeneden von Bonnada abschirmen, sowie den nordwestlichen Teil der Region der Nippodier aus Pommedenien jenseits des Turitariums der Prochesen in Ostrobulien.«

»Natürlich ist die Situation nicht immer so einfach zu überblicken: denn die Ummeneden von Bonnada sind selbst noch einmal in vier Richtungen aufgeteilt: die Dohommeneden von Bonnada, die Odobommeneden von Bonnada, die Orodommeneden von Bonnada und schließlich die Dovoboddemommeneden von Bonnada.«[1]

So beginnt das satirische Gedicht mit dem Titel »Das Geheimnis der politischen Lage« von Henri Michaux. »Seien wir endlich deutlich«, lautet der Leitsatz, den Michaux Arouet beziehungsweise Voltaire zuschreibt. Die

---

[1] Henri Michaux, *Face aux verrous*, Gallimard 1992, S. 77.

ganze voltairesche Würze des Epigramms besteht gerade im Gegensatz zwischen der Aufforderung und der Beschreibung. Freilich zieht die Klarheit gegenüber den Eigennamen den kürzeren. Sie ist unter deren endloser Anhäufung, unter ihrem wuchernden Exotismus, durch die unentwirrbare Choreographie ihrer Händel und Bündnisse und schließlich durch die Zusammenstellung der Buschtrommeln (die Ummeneden von Bonnada) mit entfernten Reminiszenzen an bretonische Folklore (die Rigobettier aus Biligettien) zusammengebrochen. Die Lichter der Aufklärung verlöschen im großen Festspiel der wohlklingenden Nichtigkeiten, welche die Namen mit Großbuchstaben unerschöpflich vor uns ausbreiten.

Für Michaux ist das Geheimnis unserer politischen Lage nicht politisch, sondern onomatologisch. Denn die Bühne wird von abgenutzten Identitäten besetzt und nicht von Doktrinen, Prinzipien oder Programmen. Das Universelle verschwindet zugunsten des Einzelnen, das Begriffliche zugunsten des Zufälligen, und die schöne Verständlichkeit des Sinnes wird durch einen vollkommen beliebigen Wirrwarr abberufen. Im Krieg, der uns erzählt wird, geht es auch nicht um Gewinn und Verlust, sondern um Labels: Die Namensunterschiede ersetzen die Meinungsverschiedenheiten oder die Streitigkeiten um Werte; nicht die Ideologie regiert, sondern die Echolalie. Dort, wo andere voller Ernst die widerstreitenden Signifikate voneinander abtrennen, entdeckt Michaux' Humor ein Tohuwabohu von unregelmäßigen oder ununterscheidbaren Signifikanten. Keine Philosophie ist imstande, das Beliebige dieser gegebenen Wesen in Vernunft umzuwandeln oder dem Schlamassel der Geschichte die metaphysische Erlösung der Idee zu verabreichen. Die sich zankenden

Völker, die fortwährend untereinander Streit suchen, sind nichtige Entitäten, in ihrer Idiotie eingeschlossene Wirklichkeiten, mit einem Wort: kollektive Absurditäten, die unabhängig von jeder Berufung und Seinsberechtigung nur deshalb existieren, weil es sie eben gibt.

Die öffentliche Meinung des Westens – zwischen Enttäuschung, Lachen und Angst hin- und hergerissen – glaubte aus dem Trümmerhaufen des Kommunismus *eine Welt à la Michaux* auftauchen zu sehen, eine Welt, die vom Verstand verlassen und der Dummheit der Grenzstreitigkeiten ausgeliefert ist. Am Ende eines Jahrhunderts, das erschöpft ist von all den gnadenlosen Schlachten, die sich so viele Ideen mit Universalanspruch kreuz und quer geliefert haben, schickte man sich an, den Sieg der liberalen Demokratie über ihren letzten Gegner gebührend zu feiern. Kaum waren die ersten Champagnerflaschen entkorkt, sah sich die Bühne der Geschichte von kreischenden und unaussprechlichen Nationen besetzt, die alle auftraten mit ihrer besonderen Erinnerung, ihren sonderbaren Wappen, ihrer alten und doch ganz neuen Fahne und ihrer undurchschaubaren Faktizität. *Tribalismus*, in diese Kategorie rückt das Denken spontan diese nominative Raserei, diese im Programm nicht vorgesehene heraldische Entladung. Slowenien, Slawonien, Slowakei, Kroatien, Krajina, Izetbegović, Milosević, Karadzić, Silaidzić, Granić, Ganić: Man stolpert immer noch im phonetischen Hinterhalt, der ohne Vorwarnung diesem unglücklichen, homogenen und so bequemen Gebiet nachgefolgt ist, das man vor kurzem noch Osteuropa nannte. »Noch bis vor kurzem hielt man den Namen Bosnien-Herzegowina für einen Witz«, schrieb 1993 – und das ohne die geringste Spur von Verlegenheit oder Gewissensbissen – eine berühmte Leitartiklerin des amerikanischen Magazins *Newsweek*.[2]

Wir haben es weiter oben schon gesehen: Unser Zeitalter fürchtet vor allem die Desillusionierung nach großen Ereignissen und hat sich geschworen, künftig die Finger von ihnen zu lassen. Aber die Angst, übers Ohr gehauen zu werden, ist nicht der einzige Grund, weshalb unser Zeitalter die Körper den großen Angelegenheiten vorzieht. Hinzu kommt auch der Umstand, daß ihm keine momentane Angelegenheit universalisierbar erscheint und daß in seiner Einschätzung nach der Krankheit der Geschichte eine andere, etwas komischere, aber nicht weniger schädliche Leidenschaft die Menschen erregt und droht, die Welt Amok laufen zu lassen: Gemeint ist die geographische Krankheit. Am Ende des Kalten Krieges machen alle Ereignisse den Eindruck, als ob die große Konfrontation der Systeme abgelöst wurde durch Pikrocholinische Kriege[3], Grenzstreitigkeiten und den lächerlichen und blutigen Wust von territorialen Schikanen und tautologischen Identitäten. Aber welchen Sinn hat es – außer wenn man sich vom Kämpfer zum »Anhänger« wandelt –, sich für das eine Lager mit dieser Identität und gegen ein anderes zu entscheiden?

So erklärt sich die lange Fassungslosigkeit der europäischen Meinung angesichts des letzten Krieges dieses Jahrhunderts in Europa. Der humanitären und umsichtigen

---

[2] Meg Greenfield, zitiert nach Edward Behr, *Une Amérique qui fait peur*, Plon 1995, S. 13.
[3] Der König Pikrocholos ist eine Figur in Rabelais' Roman »Gargantua«. In einem Wutanfall hat Pikrocholos dem Nachbarland wegen einer Nichtigkeit, über deren Hintergründe er sich zuvor nicht informiert hatte, den Krieg erklärt.

Weigerung, sich auf Abenteuer jenseits der Verteidigung des Lebens einzulassen, gesellen sich diese positiven Entschlüsse hinzu: Die metaphysische Entscheidung für die Idee und gegen die Identität einerseits und die ethische Wahl für den Kosmopolitismus und gegen den Partikularismus andererseits sowie die der Vermischung oder Kreuzung gegen den Absolutismus der Reinrassigkeit. Wenn es erst des Trommelfeuers auf Sarajewo und der systematischen Ermordung von Zivilisten bedurfte, die zufällig bei den elementarsten Verrichtungen des alltäglichen Lebens überrascht wurden, damit die Erben Michaux' zu lachen aufhörten und ihrer Empörung Ausdruck verliehen, so liegt dies sicherlich daran, daß der reinrassige Opferstatus der Stadtbewohner im Gefühl der Menschlichkeit keinen Zweifel mehr hervorrief. Vor allem liegt es aber daran, daß die kosmopolitische Idee sich in der multikulturellen Hauptstadt Bosniens wesentlich besser als in der kroatischen Stadt Vukovar zu vollenden schien.

Als sich der Soziologe Pierre Bourdieu im Rahmen eines großen Symposiums von Schriftstellern, Wissenschaftlern und Intellektuellen, das vom 8. bis 11. November 1991 in Straßburg stattfand – also zwei Monate nach Beginn der Belagerung von Vukovar und genau zehn Tage vor dem Einmarsch der jugoslawischen Armee in die durch Bombardierungen zerstörte Stadt –, an einer Diskussion beteiligte, verlas er eine kurze, aber grundlegende Mitteilung mit dem Titel »Die Internationale der Wissenschaftler und Künstler«. Er hob darin insbesondere folgendes hervor: »Vielleicht ist es voreilig, vielleicht erlaube ich mir eine unzulässige Einmischung, und wahrscheinlich habe ich nicht das geringste Recht, hier zu sagen, daß es mir sehr gefallen würde, wenn wir eine Art europäisches Kulturparlament wären. Mit ›europäisch‹ meine ich eine Etappe, einen Grad höherer Universalisierung in dem Sinne, daß dies bereits besser ist, als die französische Nationalität zu besitzen.«[4] Dieses »bereits besser« reiht Bourdieu, womöglich gegen seinen Willen, in die direkte Nachfolge von Julien Benda ein und insbesondere in die der *Rede an die Europäische Nation*, die Benda 1932 verfaßte: »Intellektuelle aller Länder, ihr müßt euren Nationen ins Gesicht schreien, daß sie fortwährend im Unrecht sind, einzig aufgrund der Tatsache, daß sie Nationen sind. [...] Plotin wurde schamrot, weil er einen Körper hatte. Ihr müßt schamrot werden, weil ihr eine Nation seid.«[5] Sicher ist Europa als geographische und physische Realität nicht von diesem Fluch des Körpers befreit. Außerdem ist ja »die europäische Grenze nur als scheinbar Unbewegliches innerhalb einer unaufhaltsamen Evolution«[6] zu betrachten. Aber, so präzisierte Benda gegen Ende seiner Rede, dieser Körper ist bereits nicht mehr so vollkommen irdisch wie die alten Vaterländer. Durch Europa wird der noch im Sinnlichen befangene Mensch mit einem großen Schritt auf seine eigentliche Bestimmung zugehen: »Weil selbst ein gottloses Europa notwendigerweise immer noch weniger gottlos sein wird als die Nation. Weil es eine Hingabe an eine Gruppe sein wird, die nicht so deutlich, nicht so individualisiert und in der Folge nicht so menschlich geliebt und nicht so sinnlich umarmt sein wird. Der Europäer wird unvermeidlich nicht mehr so an Europa hängen wie der Franzose an Frankreich und der Deutsche an Deutsch-

---

[4] Pierre Bourdieu, *Le Désir d'Europe*, La Différence 1992, S. 54.
[5] Julien Benda, *Discours à la nation européenne*, Gallimard 1992, S. 71.
[6] Julien Benda, *Discours à la nation européenne*, S. 125.

land. Er wird seine Abhängigkeit von Grund und Boden und die Treue zu seiner Erde durch ein sehr viel schwächeres Band empfinden. Schafft ein Europa (und selbst wenn es dann souverän sein sollte) und der Gott des Unkörperlichen wird euch bereits zulächeln.«[7]

Zum Zeitpunkt, als Bourdieu sich äußert, ist der Wunsch Bendas auf dem Wege der Verwirklichung. Europa bleibt als partikuläre Bestimmung, die den Menschen noch von seiner Menschlichkeit trennt. Daher die Zurückhaltung Bourdieus, diese Identität auszubuchstabieren. Doch indem er Europäer wird, transzendiert der Franzose seine heimatliche Kleinheit, erweitert er seinen abgezäunten Besitz und nimmt einen Raum ein, der weiter, abstrakter, rationaler und zivilisierter ist als die Nation. Daher stimmt Bourdieu trotz allem dem europäischen Ideal zu. Und das intellektuelle Parlament, von dem er träumte, hat nur zwei Jahre nach der Zusammenkunft in Straßburg bereits das Licht der Welt erblickt: Angeekelt von den Kämpfen, die sich 1991 und 1992 im Herzen Europas die Ummeneden von Bonnada, die Nippodier aus Pommedenien und die Nibbonidier aus Bonnaridien lieferten, haben seine Mitglieder seit ihrem Amtsantritt Partei für Bosnien ergriffen. Denn der Gott des Immateriellen lächelte diesem Land tatsächlich zu. Den Nationen, welche die Sünde begingen, selbst noch Nation zu sein, stellte Bosnien seine ontologische Reinheit und seine multinationale Unschuld entgegen. Von aller Abstammung losgelöst, befreit von Zwietracht, Uneinigkeit und Knechtschaft des Körperlichen mußten seine Bürger nicht erröten oder sich wegen ihrer Zugehörigkeit entschuldigen. Ihr Name, der mehr ist als

---

[7] Julien Benda, *Discours à la nation européenne*, S. 126 f.

ein Name, war das Emblem des Kosmopolitismus, ihr Gebiet, das mehr ist als ein bestimmter Ort, war ein Miniaturmodell des Universalen. Bosnier zu sein war bereits besser, als Slowene, Kroate, Albanier, Mazedonier oder Serbe zu sein.

Im Jahr 1942, zwei Jahre nachdem sie das besetzte Frankreich verlassen hatte, um in die Vereinigten Staaten zu gehen, und neun Jahre nachdem sie aus Hitlerdeutschland nach Frankreich geflohen war, ruft Hannah Arendt in der ersten Person Plural die schreckliche und immer banaler werdende Erfahrung der Flüchtlinge in Erinnerung: »Wir haben unser Zuhause und damit die Vertrautheit des Alltags verloren. Wir haben unseren Beruf verloren und damit das Vertrauen eingebüßt, in dieser Welt irgendwie von Nutzen zu sein. Wir haben unsere Sprache verloren und mit ihr die Natürlichkeit unserer Reaktionen, die Einfachheit unserer Gebärden und den ungezwungenen Ausdruck unserer Gefühle. Wir haben unsere Verwandten in den polnischen Ghettos zurückgelassen, unsere besten Freunde sind in den Konzentrationslagern umgebracht worden, und das bedeutet den Zusammenbruch unserer privaten Welt.«[8]

Drei Jahrzehnte später setzt ein anderer Verbannter, Jean Améry, die Arendtsche Beschreibung der Gemeinschaft derjenigen, die keine Gemeinschaft haben, fort mit einer bemerkenswerten und höchst erstaunlichen Betrachtung, die den Titel trägt »Wieviel Heimat braucht der Mensch?« Im Jahr 1939 mußte Jean Améry, der damals Hans Mayer

---

[8] Hannah Arendt, »Wir Flüchtlinge«, in: *Zur Zeit. Politische Essays*, Berlin 1986, S. 78.

hieß und in Wien wohnte, die Schleichwege der Schmuggler für eine lange nächtliche Reise benutzen, die ihn bis nach Antwerpen führte. In der gleichen Lage wie Arendt, Inhaber ein und desselben privativen und verwirrten »Wir«, ebenso wie sie und sogar auf noch tragischere Weise – denn es wird ihm nicht vergönnt sein, der Deportation zu entkommen – in der schemenhaften Heerschar der »traurigen Ritter Ohneland, getroffen vom Anathem«[9], aufgenommen, befragt sich Améry ausführlich über den Sinn des Heimwehs. »Was war, was ist dieses Heimweh der aus dem Dritten Reich zugleich wegen ihrer Gesinnung und ihrer Ahnentafel Vertriebenen?«[10] Worauf er ohne Umschweife antwortet: »[...] mein, unser Heimweh war Selbstentfremdung.«[11]

Anders gesagt, dem Heimwehkranken fehlt nicht nur sein Land, sondern nachgerade die eigene Identität. Der Verlust des *Zu-Hauses* verleiht dem Bindestrich zwischen den beiden Wörtern des Syntagmas den ihm eigenen Sinn.[12] »Ich war ein Mensch, der nicht mehr ›wir‹ sagen konnte und darum nur noch gewohnheitsmäßig, aber nicht im Gefühl des vollen Selbstbesitzes ›Ich‹ sagte.«[13] Auf sich selbst reduziert ist der Ausgewiesene nicht mehr er selbst. Bar jeder Selbstverständlichkeit erkennt er durch deren Verlust, daß sogar die prosaischsten und funktional-

---

[9] Jean Améry, *Jenseits von Schuld und Sühne. Bewältigungsversuche eines Überwältigten*, München 1966, S.75.
[10] Jean Améry, *Jenseits von Schuld und Sühne*, S. 74.
[11] Jean Améry, *Jenseits von Schuld und Sühne*, S. 74.
[12] Im Französischen heißt Zuhause chez-soi, wörtlich übersetzt bei sich. Der Satz besagt, daß der Verlust des Zuhauses = chez-soi = bei sich einen Verlust des Ichs nach sich zieht. (A. d. Ü.)
[13] Jean Améry, *Jenseits von Schuld und Sühne*, S. 75.

sten Gegenstände sich nicht nur über ihren Werkzeugcharakter definieren, und wir sind, trotz des modernen Triumphs der rationalen Intelligenz, »darauf gestellt, in Dingen zu leben, die uns Geschichten erzählen«[14], wenn wir menschlich leben wollen. Eine Welt ohne Fetische und zur Gänze vom Nützlichkeitsdenken beherrscht, ist keine wirkliche Welt mehr. Im gleichen schmerzlichen Licht des Mangels offenbart sich die Muttersprache dem Flüchtling nicht als die Sprache, die er am besten beherrscht und am besten manipulieren kann, sondern als die einzige Sprache, *die zu ihm spricht, wenn er sie spricht,* und sich aufgrund dieser Tatsache jeglicher Manipulation entzieht: »*La table* wird niemals *der Tisch*, bestenfalls kann man sich daran sattessen.«[15]

Dieser kaum fühlbare, aber abgrundtiefe Unterschied zwischen den beiden Wörtern, die dasselbe sagen wollen, berührt sogar die gelungenen Exile, wie dies die Geschichte zweier aus Deutschland stammender Emigranten belegt, die sich nach mehreren Jahren Aufenthalt in New York begegnen: »›Are you happy?‹, fragt der eine. ›I'm happy. *Aber glücklich bin ich nicht...*‹, antwortet der andere.«[16] Das ist der im Grunde unübersetzbare Teil des Lebens, der in diesem Scherz gegen seine Übersetzung rebelliert, und so fragt sich Améry, was ist ein Leben, dem sein unvordenklicher Ursprung genommen wurde?

Die verschleppte Person, sagte Hannah Arendt, ist die am meisten repräsentative Kategorie des 20. Jahrhunderts.

---

[14] Jean Améry, *Jenseits von Schuld und Sühne*, S. 95.
[15] Jean Améry, *Jenseits von Schuld und Sühne*, S. 89.
[16] Albert O. Hirschman, *Abwanderung und Widerspruch*, Tübingen 1974, S. 96.

Nun muß diese Person aus ihrer Erfahrung – sich selbst gleichsam zum Trotz – die Lehre ziehen, daß der Mensch seine Menschlichkeit weder aus der Liquidierung seiner eigenen Vergangenheit bezieht, noch aus der Nichtanerkennung seiner Herkunft, noch aus einer übergreifenden und allmächtigen Vernunft heraus, der er sein empfindsames Bewußtsein überläßt. Sobald von seiner Zugehörigkeit und seinem Eingebettetsein in einer besonderen Umgebung abstrahiert wird, ist der Mensch nicht mehr als nur noch ein Mensch. Und, weil er nicht mehr ist als nur noch ein reines Bewußtsein ohne Bindung und Wohnsitz, ist er letztlich auch kein Mensch mehr. Nicht die Exterritorialität macht ihn menschlich, sondern im Gegenteil der ihm bereitete Platz und die innige Verbundenheit mit einer Welt, die bereits mit Bedeutung versehen ist. An der »pragmatischen Richtigkeit« dieses Arguments, das vom romantischen Denken der Philosophie der Aufklärung entgegengestellt wurde, gibt es in den finsteren Zeiten der Verfolgung und des Exils, wie Arendt schreibt, »keinen Zweifel«[17]. Wenn zutrifft, daß ihr Heimatland zum Alptraum der deutschen (oder polnischen) Juden geworden war und ihre fatale Lage sie gegenüber dem eigenen Heimweh gleichsam zu Fremden machte, so hob dieses zweite Exil in keiner Weise das erste auf, sondern verschlimmerte es mit zusätzlicher Qual, indem es ihm das Recht auf Rührung und deren tröstenden Tränen verweigerte. Weil sein Vaterland ihm auf den Fersen war, bemühte sich Améry, die Angriffe der Melancholie zurückzuschlagen und das Stück seines Lebens, das an das verlorene *und* ihn verfolgende Land gebunden war, aus sich herauszureißen, aber »der

---

[17] Hannah Arendt, *Elemente und Ursprünge totaler Herrschaft*, S. 466.

Schmerz steigerte sich aufs unerträglichste, wenn mitten in der angestrengten Arbeit der Selbstvernichtung dann und wann auch das traditionelle Heimweh aufwallte und Platz verlangte. Was zu hassen unser dringender Wunsch und unsere soziale Pflicht war, stand plötzlich vor uns und wollte ersehnt werden: ein ganz unmöglicher, neurotischer Zustand, gegen den kein psychoanalytisches Kraut gewachsen war.«[18]

Und wenn er sehr viel später auf dieses unlebbare Heimweh zurückkommt, ist Jean Améry nicht am Ende seiner Schmerzen: Er muß sich auch noch legitimieren und sich vor der beunruhigten, wachsamen und mißtrauischen Erinnerung seiner Leser rechtfertigen. Er insistiert, daß er nicht etwa ein »verspäteter Nachzügler der *Blut-und-Boden*-Armee«[19] sei. Wenn er über *Heimat* spricht, richtet er den Blick nicht auf »rückschrittliche Bärenhäuterei«[20]. Aber es wäre eine einseitige und vordergründige Schlußfolgerung, die man aus diesem Jahrhundert zöge, wenn »bei dem Wort Heimat [...] gleich an geistige Inferiorität«[21] gedacht würde. Die tödliche Gefahr, die durch den Kult der Zugehörigkeit, durch die Einteilung der Menschheit und die Vereinnahmung der Individuen durch ihre Rasse oder ihre Kultur auf der Welt lastet, hat Améry am eigenen Leib kennengelernt. Vor kurzem noch sahen wir, seine Leser, wie sich diese Bedrohung niederschlug in der Gewalt serbischer Nationalisten im Kosovo, in Kroatien und in Bosnien-Herzegowina sowie im grauenerregenden Verhalten der Kroaten in Mostar. Und alles bestärkt die An-

---

[18] Jean Améry, *Jenseits von Schuld und Sühne*, S. 86.
[19] Jean Améry, *Jenseits von Schuld und Sühne*, S. 78.
[20] Jean Améry, *Jenseits von Schuld und Sühne*, S. 82.
[21] Jean Améry, *Jenseits von Schuld und Sühne*, S. 82.

nahme, daß dieser zerstörerische Fanatismus dort unten noch nicht sein letztes Wort gesprochen hat. Weil er selbst einer der unzähligen Parias war, die der Wahnsinn der Verwurzelung in diesem Jahrhundert entwurzelt hat, machte Améry auch die radikale und verzweifelte Erfahrung der *absoluten Nichtzugehörigkeit zur Welt*. Er kann sich demnach nicht damit zufriedengeben, die Entwurzelung in einen positiven Wert umzudeuten oder das Großtun des Kosmopolitismus den reaktionären Ausdünstungen des Heimwehs gegenüberzustellen. Von seiner eigenen Verzweiflung hat er gelernt, daß kein Partikularismus das Recht hat, für sein gesamtes Wesen einzufordern. Er hat von ihr aber auch gelernt, daß man unwiderruflich »eine Heimat haben [muß], um sie nicht nötig zu haben«.[22] Anders gesagt, die Bestimmtheit des Menschen durch den Boden und das Blut ist unmenschlich, und genauso unmenschlich ist das schwankende Leben desjenigen, dem die irdischen Grundlagen seiner Existenz entzogen sind. »Ich habe siebenundzwanzig Jahre Exil hinter mir, und meine geistigen Landsleute sind Proust, Sartre, Beckett. Nur bin ich immer noch überzeugt, daß man Landsleute in Dorf- und Stadtstraßen haben muß, wenn man der geistigen ganz froh werden soll, und daß ein kultureller Internationalismus nur im Erdreich nationaler Sicherheit recht gedeiht.«[23] Selbst dann noch, wenn er mit seiner Vergangenheit brechen und sich eine neue Identität zulegen muß, indem er die Buchstaben seines Namens umstellt, macht der ehemalige Hans Mayer in ihrer Abwesenheit diese beachtenswerte philosophische Entdeckung: Alles, was dem

---

[22] Jean Améry, *Jenseits von Schuld und Sühne*, S. 79.
[23] Jean Améry, *Jenseits von Schuld und Sühne*, S. 78.

Menschen gegeben und nicht von ihm gemacht, gewählt und gewollt ist, ist nicht *ipso facto* unterdrückend oder entfremdend. Alles, was sein Wesen bedingt, gehört nicht zur Konditionierung; Für jeden hat die Macht über sein Leben Grenzen, deren paradoxe Tugend es ist, die Freiheit zu ermöglichen. Wie Arendt ist Améry eine *displaced person*, und wie sie ist er überall *deplaziert*. Er paßt nicht in den Rahmen der Antinomien, die nach Ansicht der aufgeklärten Geister doch die Epoche beschließen: Entweder definiert sich das Wesen des Menschen über ein *Angekettetsein* entsprechend der Bestimmung, die Emmanuel Lévinas schon 1934 dem Weltbild Hitlers[24] gegeben hat, oder aber das Losgerissensein ist das dem Menschen Eigentümliche. Entweder das Heimatliche, das Angeborene, die Nation und die Natur – oder aber die Freiheit. Entweder die Vorherrschaft des Anderen oder die Autonomie des Ichs. Entweder die Dankbarkeit für das Gegebene oder die Fähigkeit, selbständig zu denken, zu fühlen und zu handeln. Entweder die Last des Seins oder das Emporschwingen des Subjekts. Entweder die genealogische Zugehörigkeit oder die Bejahung des Individuellen. Entweder die Identität oder die Menschheit: Wie auch immer er sich artikuliert, dieser Dualismus nimmt einen sehr schmerzhaften Eingriff in die *Condition humaine* vor. Und weil Hannah Arendt und Jean Améry gewissermaßen seine Unzulänglichkeit erfahren haben, verwendeten sie das Wesentliche ihrer denkerischen Tätigkeit auf das *Zusammenfügen der Bruchstücke*.

---

[24] Vgl. Emmanuel Lévinas, »Quelques réflexions sur la philosophie de l'hitlerisme« in: *Cahier de l'Herne, Emmanuel Lévinas*, Le Livre de Poche 1991, S. 118.

Dieses nach dem Krieg noch unmögliche Eindringen des Parias in das Denken hat heute immer noch nicht stattgefunden, obwohl das letzte der beiden Systeme zusammengebrochen ist. Beide schrecken vor nichts zurück, sagt Vassili Grossman in *Leben und Schicksal*, weil die Welt sowohl für das eine als auch für das andere mit dem Willen gleichbedeutend war. Die revolutionäre Illusion ist tot, nicht jedoch der disjunktive Umgang mit der Wirklichkeit, auf dem diese Illusion beruht. Der Sieg der Demokratie hat den Untergang des großen Dualismus nicht eingeläutet, aus dem die kommunistische Idee so lange und so geschickt ihren Nutzen zu ziehen wußte. Das Gegenteil ist sogar der Fall, wie die Verbindung zwischen Julien Benda und Pierre Bourdieu zeigt und wie es der große Romancier Mario Vargas Llosa ausdrücklich proklamiert: »Eines unserer Jugendideale, nämlich das Verschwinden der Grenzen, das heißt die Integration aller Länder in ein Austauschsystem, das allen zugute kommt und vor allem denen, die sich dringend von der Unterentwicklung befreien müssen, ist heute im Begriff, sich zu verwirklichen. Aber im Gegensatz zu dem, was wir glaubten, ist diese Internationalisierung nicht durch die sozialistische Revolution, sondern vielmehr durch deren schwarze Schafe zustande gekommen, das heißt, durch den Kapitalismus und den Markt. Dennoch ist dies der schönste Fortschritt der modernen Geschichte, weil sie die Grundlagen einer neuen Zivilisation auf planetarischer Ebene schafft, die sich auf der politischen Demokratie, der Vorherrschaft der zivilen Gesellschaft, der wirtschaftlichen Freiheit und den Menschenrechten aufbaut.«[25]

---

[25] Mario Vargas Llosa, »Cher Régis, tu sais aussi bien que moi…«, *Libération*, 2. Dezember 1993.

Man könnte kaum deutlicher sein: Die liberale Demokratie tritt mit dem Rüstzeug der Marktökonomie, der durch Urnengang legitimierten Macht und der durch die Menschenrechte garantierten Unabhängigkeit der Gesellschaft von dieser Macht die *Nachfolge ihrer Nachfolgerin* an. Hier ist nun der Mensch endlich der universale und deswegen endlich menschliche Mensch. Aber zur Vervollständigung des Inventars dieser Apotheose müßte den vier Bestandteilen der neuen von Vargas Llosa hervorgehobenen und gefeierten weltweiten Zivilisation noch die Technik oder genauer die Informationstechnik hinzugefügt werden. Wie der Direktor des Medienlabors am renommierten Massachusetts Institute of Technology, Nicholas Negroponte, sagt: »Der Umgang mit dem Computer hat nichts mehr mit Rechnen und Berechnen zu tun – er ist ein Lebensstil geworden.«[26] Weil jeder Gegenstand, jedes Produkt, Buch, Gemälde, Museum, Monument von nun an sein digitales *Double* hat, weil jeder Mensch mit einem Bildschirm ausgestattet ist oder es bald sein wird, weil alle Bildschirme im Begriff sind, in einem gigantischen weltweiten Netz, dem *World Wide Web*, verbunden zu werden, und weil das Digitale darüber hinaus auch das klangliche Universum erobert hat, gibt es keine Entfernung oder Exteriorität mehr. Kein Ding, kein Wesen, keine Stimme, wo immer sie sich auf Erden, in der Luft oder zu Wasser befänden, ist außerhalb der Reichweite auch nur des kleinsten Laptops. Jede Person kann sofort erreicht, und alles kann bestellt werden: ein einfaches Klicken genügt.

Unser *Fin de siècle* hätte für diese Technik nicht das majestätische Wort Revolution wieder zu Ehren gebracht,

---

[26] Nicholas Negroponte, *Total digital*, München 1997, S. 13.

wenn es sich nur um eine neue Prothese oder um eine leistungsfähigere Apparatur gehandelt hätte. Die beispiellosen Dienstleistungen, die der totale Bildschirm erbringt, verändern radikal unser Verhältnis zur Realität. Von nun an hat der Mensch einen Ort, der sich nicht mehr anmaßen kann, ihn auch nur im geringsten zu beeinflussen. Seine Gegenwart auf Erden entspricht nicht mehr dem angewiesenen Wohnort. Er glaubt sich auf immer zum *hic et nunc* verurteilt: Mit der Herrschaft der Echtzeit und dem sofort vorhandenen Bild ist alles und jedes im Jetzt, und das Wort *hier* will so gut wie gar nichts mehr besagen. In der Ära der elektronischen Post ist selbst noch die Adresse mobil geworden, die vormals ja die bescheidene und verbindliche Antwort eines jeden auf die Frage »wo?« gewesen ist. »Die meisten amerikanischen Kinder können die baltischen Staaten nicht von den Balkanstaaten unterscheiden; sie wissen nicht, wer die Westgoten waren oder wann Ludwig XIV. lebte«, bemerkt Nicholas Negroponte. »Na und? Was ist daran so wichtig? Wußten Sie vielleicht, daß Reno westlich von Los Angeles liegt?«[27]

Warum sich also aufregen? Dank der Tatsache, daß die Topologie durch die Technik aus dem Rennen geworfen wurde, überläßt die menschliche, allzumenschliche Erfahrung der Nachbarschaft dem olympischen Taumel einer universalen Äquidistanz ihren Platz. Der Mensch ist nicht mehr einheimisch, sondern planetarisch. Seine unmittelbare Umgebung ist nicht mehr lokal, sondern digital. War er zuvor an ein Gebiet gebunden, so ist er nun am Netz angeschlossen und nirgendwo mehr ansässig. Die enge Verbundenheit mit der Welt war sein Schicksal, nun kenn-

---

[27] Nicholas Negroponte, *Total digital*, S. 241.

zeichnen das Schauspiel und die Weltversammlung seinen Zugang zur Freiheit. Stolz darauf, ein »Surfer« zu sein, läßt er die obszöne Stofflichkeit der Dinge für die endlosen Wonnen eines substanzlosen Raumes hinter sich. War er zuvor geographisch und historisch bestimmt, ist er hier nun geradezu *engelsgleich*. Wie ein Engel entgeht er der Mühsal des irdischen Lebens und der Unterwerfung unter das Fleisch, wie ein Engel ist er mit der Gabe der Ubiquität und Schwerelosigkeit versehen. War er zuvor von einer Erinnerung bestimmt, die älter war als er selbst und die ihn in die Pflicht nahm, während sie ihn zugleich partikularisierte, ist er jetzt befreit von der Last der Vergangenheit, von diesem Übergriff des bereits Vorhandenen, von diesem innersten Anderssein, von dieser vorurteilsbeladenen Verletzung des Traumes der Autarkie und von dieser Gegenwart der Toten in einem selbst, die zweifelsohne Identität im Gegensinn genannt werden kann. Die eingeschlossene Existenz ist zu Ende: Nachdem verallgemeinerte Kommunikation und Zusammenschaltung die Falten geglättet haben, die von den Grenzen in das Gesicht der Menschheit eingemeißelt wurden – welch übernatürliches *Lifting* –, verschwindet die erlittene Zugehörigkeit zugunsten der gewählten Beziehung: Von nun an sind alle Toten verfügbar; »das Glück ist abrufbar«, jeder kann seinem Kind nach Belieben jeden Vornamen dieser Erde geben, sich jeder Freizeitgestaltung nach eigenem Gutdünken anschließen, ohne sein Zimmer verlassen zu müssen, direkten Zugang zu Katastrophen haben, bequem im Sessel sitzend die entferntesten Kulturen erforschen, in alle Orte des Gedenkens ohne Vorwarnung hineinplatzen, in Pantoffeln einen Schaufensterbummel am anderen Ende der Welt machen und nach Belieben in den Datenbanken des großen weltweiten Durcheinanders surfen, in das sich die Traditionen verwandelt haben. Man war an dem einen oder anderen Ort, drinnen oder draußen, zu Hause oder im Ausland, Bürger oder Bohemien, Stubenhocker oder Nomade. Dieses »oder« hat sich überlebt: Die Eigenschaft des Touristen ersetzt im Menschen allmählich die des Einwohners, und es kündigt sich eine Epoche an, in der mit der gemeinsamen Abschaffung der Entfernungen und Schicksale jeder in gleicher Weise alles wird besuchen können.

»Wie müßte eine Weltgesellschaft aussehen«, fragte sich einstmals Chateaubriand, »zu der gar kein bestimmtes Land mehr gehören würde? Eine Gesellschaft, die weder französisch wäre, noch englisch, noch deutsch, noch spanisch, noch portugiesisch, noch russisch, noch tatarisch, noch türkisch, noch persisch, noch italienisch, noch chinesisch, noch amerikanisch, sondern vielmehr alle diese Gesellschaften zugleich wäre? Welche Folgen hätte dies für ihren Geist, ihre Sitten, ihre Wissenschaften, ihre Kunst und ihre Dichtung? Dank schneller und hervorragender Verbindungen würden sie in Paris ihr Mittagessen und in Peking ihr Abendessen einnehmen. Und dann? Wie würden sich die Leidenschaften zum Ausdruck bringen, welche die verschiedenen Völker gleichzeitig in den verschiedenen Klimazonen jeweils auf ihre eigene Art empfinden? Wie würde dieses Durcheinander von Bedürfnissen und Bildern, die von verschiedenen Sonnen gemacht wurden, welche wiederum eine gemeinsame Jugend, ein gemeinsames Mannesalter und ein gemeinsames Altsein beschienen hätten, überhaupt Eintritt in die Sprache finden? Und welche Art von Sprache würde eigentlich gesprochen werden?«[28]

---

[28] Chateaubriand, *Les Mémoires d'outre-tombe*, Flammarion 1982, S. 587 f.

Im Lichtschein der einzigartigen und ewigen multimedialen Sonne existiert jetzt eine solche Gesellschaft. Die Technik unserer Zeit hat dem Gestalt gegeben, was für Chateaubriand noch nichts anderes als eine beunruhigende Hypothese war. Und unsere Ethik hat diese neue Wirklichkeit begrüßt als Verwirklichung des Ideals. Denn für den planetarischen Menschen erwächst die Gewalt aus der Zugehörigkeit, die »ethnische Säuberung« entstammt auf direktem und natürlichem Wege dem unreinen Verhaftetsein mit einer partikulären Wirklichkeit. Für diese Liebhaber des Immateriellen ist die Schwere Ursprung allen Schreckens. Für diesen unbeweglichen Reisenden ist der Krieg ein Archaismus, der noch aus seiner vor-engelsgleichen Gegenüberstellung des Hier und des Woanders resultiert. Anders gesagt, das Böse kommt durch die Vaterländer und die Familiennamen auf die Welt. Das Böse ist das Tote, das Lebendes ergreift. Es ist die Diktatur, die von den Familiennamen auf die Vornamen ausgeübt wird. Das Böse ist der Geist, der, statt aufzusteigen, abstürzt und Fleisch wird. Das Böse ist die Fleischwerdung. Die Erde ist eine Sauerei![29] Doch auch welche Erleichterung, eine neue Generation aus dem cherubinischen Bildschirm und der virtuellen Landschaft hervortreten zu sehen, die heilige Berge ablehnt! Welch ein Trost, daß dieses flüssige und leichte, weiche und wankende, drehende und dehnbare Universum, wo nichts mehr definitiv eintritt oder entschwindet, wo alles sich nach Belieben besucht, sich aus-

---

[29] A. d. Ü.: Im Original »Quelle connerie, la terre!«. Dieser Ausdruck macht eine Anspielung auf das Lied »Barbara« von Jacques Prévert, in dem es heißt »Quelle connerie, la guerre!« (Der Krieg ist eine Sauerei!).

tauscht, sich vermischt, wo es, mit einem Wort, jedem endlich frei steht zu behaupten: »Ich bin gleichzeitig Weltkarte und Jedermann«![30]

Jean Améry, der wie Chesterton dazu neigte zu denken, daß der Globetrotter »in einer engeren Welt [lebt] als der Bauer«[31], rief aus: »Der moderne Mensch tauscht Heimat gegen Welt ein. Was für ein glänzendes Geschäft!«[32] Aber er wußte nicht, daß dieses glänzende Geschäft sozusagen auf seinem Rücken oder in seinem Namen getätigt werden würde. Denn der moderne Mensch beruft sich auf die Erfahrung der verschleppten Personen, um die Verwurzelung zur fleischlichen Sünde der Moderne zu erheben, wobei er die Lektion des verflossenen Jahrhunderts zu dieser schwindelerregenden Alternative zusammenfaßt: *Tourismus oder Barbarei*. Hier zum Beispiel schreibt Pierre Nora, der Verfasser des riesigen Inventars der Orte und Attribute, aus denen sich ehedem französische Identität herauskristallisiert hat: »Wenn man das Nationalgefühl an seinen traditionellen Kriterien mißt, kann es so aussehen, als sei es im Begriff abzunehmen. Doch zweifelsohne hat sich seine Intensität weniger geändert, als daß sein Niveau und seine Ausdrucksweise wechselten. [...] War es zuvor aggressiv und militärisch, so ist es jetzt wettkampforientiert und ganz dem Kult der industriellen Leistungen und sportlichen Rekorde hingegeben. War es zuvor opferbereit, düster und defensiv, so gibt es sich jetzt lustbetont, neugierig und – sozusagen – touristisch. Zuvor pädagogisch, nun

---

[30] Michel Serres, *Le Tiers-Instruit*, François Bourin 1991, S. 224.
[31] G.K. Chesterton, *Häretiker. Eine Kritik der Zeit*, München 1912, S. 46.
[32] Jean Améry, *Jenseits von Schuld und Sühne*, S. 93.

medienorientiert, zuvor kollektiv, nun individuell, ja sogar individualistisch. Frankreich à la carte: Menükarte und Michelin-Landkarte.«[33]

Absetzung von Michelet durch Michelin. Ersetzung des opferbereiten Vorbilds durch das ästhetische oder gastronomische Paradigma. Aufhebung der Schulden bei den Toten zugunsten der Verfügbarkeit der Vergangenheit. Umkehrung der patriotischen Einberufung zur Nutznießung des Erbes. Metamorphose des Engagements in Feinschmeckertum, Transformation des Bürgers zum Beobachter; Verschwinden der Zeit im Raum, des Normativen im Erheiternden und des Politischen im Kulturellen. Ablösung der überkommenen Zugehörigkeiten und aller alten Streitigkeiten durch eine große, gut ausgeschilderte Rundfahrt. Der Konsum setzt die nationalistische kriegerische Gesinnung außer Gefecht, die Nation selbst tritt in die Ära der Selbstbedienung ein. Kurzum, der moderne Mensch kann stolz auf den erreichten Fortschritt sein: Als Tourist bei sich und beim Anderen durchmißt er mit großen Schritten statt der Welt einen gewaltigen Jahrmarkt, ein endloses Museum, in dem Gleichheit und Verschiedenheit sich seinem uneingeschränkten Blick darbieten.

Der Tourismus ist mit anderen Worten nicht einfach die Form des Durchwanderns, die den seßhaften Zeitgenossen für ihre Freizeitgestaltung verfügbar ist, sondern vielmehr jener Zustand, in den sich die Menschheit begibt, der – im Zeitalter der Bilanzierung – zum höchsten Wert erhoben wurde. Dieser schicksalhafte Tourismus tritt darüber hinaus in den Rang des höchsten Gutes. »Einmal Tourist,

---

[33] Pierre Nora, »Comment écrire l'histoire de France?«, in: *Les Lieux de mémoire*, III, 1, Gallimard 1992, S. 30.

immer Tourist!« Dies ist die endgültige Ausformulierung der Emanzipation und der Brüderlichkeit. Was heutzutage für sich den schönen Namen des Kosmopolitismus in Anspruch nimmt, ist nicht mehr, um noch einmal Hannah Arendt zu zitieren, die Bereitschaft, »die Welt mit ihnen [sc. mit den anderen Menschen] zu teilen«[34], sondern die weltumspannende Ausdehnung des Ichs; nicht mehr diese *weltoffene Einstellung*, die von Kant so treffend als Fähigkeit definiert wurde, sich gedanklich in andere Perspektiven hineinzuversetzen, sondern eine Aufblähung der Subjektivität und eine Eigenschaft, die dem planetarischen, endlich der Vorhölle entronnenen Menschen innewohnt.

Nietzsche sagte: »Die Wüste wächst: weh Dem, der Wüsten birgt!« Dann wehe uns, denn in Übereinstimmung mit der Sorge Chateaubriands und der Prophezeiung Nietzsches gewinnt die Planetarisierung an Boden, und die Wüste wächst. Trotz der Lehre Jean Amérys wird die Wüste durch die Erinnerung an die Katastrophe geborgen, und das heißt geschützt. Als ob dieses Jahrhundert nur stattgefunden hätte, um das Heimweh nach der Erde zu verbieten und ansonsten den guten Ablauf der Dinge zu überwachen.

---

[34] Hannah Arendt, *Menschen in finsteren Zeiten*, München 1989, S. 41.

Epilog

Auf den abschließenden Seiten der ersten Ausgabe ihres Buches über die Ursprünge der totalitären Herrschaft, das in England unter dem Titel *The Burden of Our Time* erschien, kennzeichnet Hannah Arendt mit dem Wort *Ressentiment* die für den modernen Menschen charakteristische emotionale Veranlagung: Ressentiment gegen »alles Bestehende, sogar gegen seine eigene Existenz.« Ressentiment gegenüber »der Tatsache, daß er weder der Schöpfer des Universums ist, noch seiner selbst«. Von diesem grundlegenden Ressentiment getrieben, »in der Welt, wie sie sich zu erkennen gibt, weder Sinn noch Verstand zu sehen«, verkündet der moderne Mensch »in aller Offenheit, daß alles erlaubt sei, und insgeheim glaubt er, alles sei möglich«.[1]

Alles ist möglich: dieser Grundsatz hat seine verheerende Kraft offenbart durch Verbrechen, die man im Namen der universalen Menschheit beging oder die dazu dienten, die Idee einer höheren Menschheit zu rechtfertigen. Indem sie ihre Lehren aus der Katastrophe zieht, behauptet Hannah Arendt im selben Text, daß das Gefühl der Dankbarkeit die einzige Alternative zum Nihilismus des Ressentiments sei: »Eine grundlegende Dankbarkeit für einige elementare Dinge, die uns unverändert gegeben sind, wie das Leben

---

[1] Hannah Arendt, *The Burden of Our Time*, London, Secker and Warburg 1951, S. 438.

selbst, die Existenz des Menschen und die Welt […]. Im Bereich des Politischen legt Dankbarkeit den Schwerpunkt vor allem auf die Tatsache, daß wir nicht allein auf der Welt sind. Nur dann können wir uns mit der Vielfalt der Gattung Mensch und den Unterschieden unter den Menschen aussöhnen […], wenn wir uns wie durch eine außergewöhnliche Gnade bewußt werden, daß Menschen die Erde bewohnen und nicht *der Mensch*.«[2]

Hat diese Versöhnung nun wirklich stattgefunden? Als Pluralität sind die Datennetze im Begriff, eine planetarische Gesellschaft aufzubauen. Engelsgleich, hyperaktiv und wachsam sind deren Anhänger davon überzeugt, den Widerstand gegen das Unmenschliche zu verkörpern. Aber diese Alternative zwischen der kommunikativen Euphorie und den alten Dämonen ist trügerisch. Indem sie als erbauliche Erscheinung eines Kampfes von größter Wichtigkeit auftritt, tarnt sie sowohl das Verschwinden der Freundschaft in Rührseligkeit als auch die vom verallgemeinerten Tourismus betriebene Auslöschung der traditionellen Unterscheidung zwischen dem Nahen und dem Entfernten wie auch schließlich den Sieg, den das weltweite Symposium von Gleichen unter Gleichen über die gemeinsame Welt und über die Idee der Menschlichkeit, die Dankbarkeit voraussetzt, davongetragen hat.

Die Entwicklung nimmt ihren Lauf. Die Ereignisse waren nicht aufsehenerregend genug, um den modernen Menschen zu erschüttern. Die Herrschaft des Gefühls und die Niederlage der Ideologie, die womöglich nur vorübergehend ist, haben dem Reich des Ressentiments kein Ende gesetzt. Vergeblichkeit des 20. Jahrhunderts?

---

[2] Hannah Arendt, *The Burden of Our Time*, S. 438 f.

Erwin Chargaff bei Klett-Cotta

Kritik der Zukunft
Essay
4. Aufl. 1990. 142 Seiten, Pappband, ISBN 3-608-95217-9

»Die ganze Welt ist zur Arena geworden, in der zwei torkelnde, verzweifelte Teufel miteinander kämpfen. Worum es geht, ist nicht wirklich feststellbar. Der eine schreit ›Freiheit!‹ und meint Besitz, der andere schreit ›Fortschritt!‹ und meint Diktatur. Beide berufen sich auf Verträge, an deren Gültigkeit sie selbst nicht glauben; beide sehen verzweifelt auf die Uhr, ob die Atombombe nicht schon kommt; beide wissen, daß sie kommen wird.«

Über das Lebendige
Ausgewählte Essays
1993. 344 Seiten, Breitklappenbroschur, ISBN 3-608-95976-9

Unbegreifliches Geheimnis
Wissenschaft als Kampf für und gegen die Natur
4. Aufl. 1989. 266 Seiten, Leinen, ISBN 3-608-95452-X

Vermächtnis
Essays
2. Aufl. 1993. 292 Seiten, Leinen, ISBN 3-608-95851-7

Vorläufiges Ende
Ein Dreigespräch
1990. 65 Seiten, Pappband, ISBN 3-608-95443-0

Warnungstafeln
Die Vergangenheit spricht zur Gegenwart
2. Aufl. 1988. 266 Seiten, Leinen, ISBN 3-608-95004-4

Zeugenschaft
Essays über Sprache und Wissenschaft
1985. 239 Seiten, Leinen, ISBN 3-608-95373-6

Klett-Cotta

Robert Spaemann bei Klett-Cotta:

Glück und Wohlwollen
Versuch über Ethik
3. Auflage 1993. 254 Seiten, Leinen, ISBN 3-608-91556-7

»Spaemanns bedeutendes Buch hat das Verdienst, die gegenwärtigen Möglichkeiten zur Vereinheitlichung der Ethik umfassend durchdacht zu haben. Wie immer man zum hohen Anspruch des Buches stehen mag: daß es die zwischen dem eigenen und dem Interesse der anderen vermittelnde Rolle der Sympathie in Erinnerung gerufen hat, kann gar nicht hoch genug geschätzt werden.«
Hans Krämer / Information Philosophie

Zur Kritik der politischen Utopie
Zehn Kapitel politischer Philosophie
1977. XII, 199 Seiten, broschiert, ISBN 3-12-910110-1

Reflexion und Spontaneität
Studien über Fénelon
2. erweiterte Auflage 1990. 366 Seiten, Leinen, ISBN 3-608-91334-3

Personen
Versuche über den Unterschied zwischen ›etwas‹ und ›jemand‹
1996. 275 Seiten, Leinen, ISBN 3-608-91813-2

»Wenn Robert Spaemann sich in seinem jüngsten Buch mit dem Personenbegriff auseinandersetzt, zielt er auf den Kern der aktuellen Diskussion, denn für ihn ist ›Person‹ weder ein Begriff, mit dem man Wesen in Personen und Nichtpersonen sortieren kann, noch ist er an empirische Kriterien gebunden. Vielmehr kennzeichnen zwei Grundzüge den Ausdruck ›Person‹: Singularität, das heißt die Einmaligkeit des Individuums, und Selbstdifferenzierung, das heißt die Möglichkeit, sich zu sich selbst zu verhalten.«
Thorsten Jantschek / Frankfurter Rundschau

Klett-Cotta